EL CAMINO DE SALIDA

POR JOHN-ROGER, DCE

Diseño de la tapa por David Sand
Ilustraciones por Su-Zan

©1980, 1984, 1986, 2017
por *Peace Theological Seminary
and College of Philosophy*

Traducido al español por Ozzie Delgadillo
Revisión de la presente edición por Nora Valenzuela

Todos los derechos reservados, inclusive el derecho de reproducción parcial o total por cualquier medio.

Publicado por Mandeville Press
P.O. Box 513935
Los Angeles, CA 90051
E.E.U.U.

Publicado en los Estados Unidos de Norteamérica

ISBN 978-1-943555-04-8

Otros libros por John-Roger, DCE

Abundancia y Conciencia Superior
Amando Cada Día
Amando Cada Día para los que Hacen la Paz
Amor Viviente del Corazón Espiritual
Caminando con el Señor
¿Cómo Se Siente ser Tú? (con Paul Kaye, DCE)
¿Cuándo Regresas a Casa? (con Pauli Sanderson, DCE)
Cumpliendo tu Promesa Espiritual (Vol. 1, 2 y 3)
Despertar Dentro de la Luz
Dinámica del Ser Básico
Dios es tu Socio
El Alucinante Viaje Espiritual (con el Dr. Michael McBay, versión actualizada del libro Drogas)
El Camino de Un Alma
El Cristo Interno y los Discípulos del Cristo
El Descanso Pleno (con Paul Kaye, DCE)
El Guerrero Espiritual
El Guía Espiritual
El Sendero a la Maestría
El Espíritu, el Sexo y Tú
El Tao del Espíritu
Esencia Divina (versión actualizada del libro Baraka)
Facetas del Amor (con Betsy Alexander)
La Conciencia del Alma
La Familia Espiritual
La Fuente de tu Poder
La Promesa Espiritual
Los Mundos Internos de la Meditación
Manual para el Uso de la Luz
Mi Diario con Preguntas y Respuestas desde el Corazón
Momentum: Dejar que el Amor Guíe (con Paul Kaye, DCE)
Pasaje al Espíritu
Perdonar: La Llave del Reino
Preguntas y Respuestas Sobre la Vida
Protección Psíquica (Versión actualizada del libro Posesiones, Proyecciones y Entidades)
Relaciones, Amor, Matrimonio y Espíritu (versión actualizada)
Sabiduría Sin Tiempo, Vol. 1 y 2
Sabidurías del Corazón Espiritual
Servir y Dar: Portales a la Conciencia Superior (con Paul Kaye, DCE)
Un Pensamiento Positivo: El Lujo que Puedes Darte
Viajes Durante los Sueños (versión ampliada)
Viviendo los Principios Espirituales de Salud y Bienestar (con Paul Kaye, DCE)

Para más información, contactarse con el
Movimiento del Sendero Interno del Alma

MSIA
P.O. Box 513935,
Los Angeles, CA. 90051-1935 - EE.UU.
Teléfono: (323) 737-4055 en EE.UU.
pedidos@msia.org   www.msia.org

Este libro está dedicado a todos aquellos que buscan el camino hacia lo Divino.

ÍNDICE

INTRODUCCIÓN 1

Capítulo Uno
El Reino Está Adentro 9
El Alma que Despierta – Descubriendo la Paz –
Traer todo al Presente – La Experiencia del Espíritu

Capítulo Dos
El Espíritu es un Proceso del Ahora 37
Elevarse Más Allá de los "Problemas" – Manejando Dilemas –
Superando Dilemas – Ir Más Allá de los Dilemas

Capítulo Tres
Descubre el Amor 63
Dar y Recibir – Amar con Discernimiento –
Amar Desde la Fuerza

Capítulo Cuatro
Karma se Deletrea E.S.T.U.P.I.D.E.Z. 91
Vivir con Éxito

Capítulo Cinco
Todos Ganan 105
Cooperar con las Cosas como Son – Camino a la Unidad

Capítulo Seis
Eres Responsable de Ti Mismo 127
Verifica las Cosas – Edúcate a Ti Mismo –
Evalúa tu Información

Capítulo Siete
Cuida de Ti Mismo 149
Identificando las Influencias Psíquicas –
Crear en Exceso y sus Consecuencias – Percibiendo la Gracia

Capítulo Ocho
El Sentido Común es un Sentido Espiritual 177
Sintonización con la Luz Superior – El Ejercicio
de la Conciencia Espiritual – Trascender la Línea del Tiempo

Capítulo Nueve
Existe Mucho Más de lo que se Ve con los Ojos 203
Trabajar con el Ser Básico – Viviendo la Propia Experiencia –
Identificando la Simbología del Inconsciente – Llegar Cada Vez Más Alto

INTRODUCCIÓN

El Camino de Salida es una guía práctica para quien quiera tomar mayor conciencia de su espiritualidad. Si la idea de "ser espiritual" te resulta atractiva y has sentido el anhelo de saber más acerca de ti mismo y de tu Dios, pero te has "desilusionado" de las organizaciones religiosas, los cultos y los ritos extraños, este libro puede ser para ti.

Las ideas y las técnicas que se describen en este libro han funcionado para mí. Al compartirlas durante el último par de décadas, muchos otros han descubierto que estas ideas también funcionan para ellos. La gente aprende a vivir en concordancia con la ley espiritual no porque yo o alguien más lo diga, sino porque es una forma mediante la cual su salud mejora, su abundancia se incrementa, son más felices y alegres y se sienten mucho más plenos.

Las palabras en este libro no solucionarán tus problemas y tampoco resolverán nada, pero quizás te sirvan de guía o te den información que podría ayudarte a resolver tus problemas. Si hay algo que se requiere es que simplemente las pongas a prueba tú mismo. Sé tu propio investigador científico y ve qué resultados consigues.

Introducción

Los temas que se exponen en "El Camino de Salida" son diversos y tocan muchos aspectos de la conciencia humana, así como problemas y situaciones que todos tenemos que enfrentar en nuestra vida. También proponen ideas para manejar esas situaciones de manera exitosa, siendo la primordial que el conocimiento de ti mismo y del Dios dentro de ti es lo que te permitirá enfrentarte exitosamente a todo. Hay muchos senderos hacia ese despertar y ese conocimiento. Si alguno funciona para ti y otro no, escoge el que te funcione y descarta el que no. No es necesario estar de acuerdo con todo lo que dice este libro, ni mucho menos creer en lo que se dice para poder sacar provecho de algunas de sus propuestas. Mi sugerencia es que estés dispuesto a poner en práctica este material y aceptes la posibilidad de que pueda ser válido. Ponlo a prueba y si es real para ti, hazlo parte de tu experiencia vivencial. Ésa es una buena manera de validar esta información y de hacer que funcione para ti.

Antes de comenzar, permíteme darte una breve explicación acerca de algunas de las premisas que son la base del contenido de este libro. Repito, no tienes que creer estas ideas, pero ten en cuenta que mi metodología se basa en ellas. Conforme vayas leyendo este libro, te propongo jugar el juego de ¿Qué tal si...?: ¿Qué tal si las ideas presentadas fueran ciertas? ¿Qué tal si los conceptos presentados fueran acertados? Pruébalos y ve si te sirven.

Todos, tanto hombres como mujeres, somos seres espirituales. Todos somos parte de Dios. No hay nada ni nadie que no sea parte de Dios. La chispa de Dios individualizada es el elemento básico de nuestra existencia. El Alma está conectada a Dios por siempre. Esa conexión es perfecta e íntima y es la fuente de la cual se deriva nuestra vida. La naturaleza del Alma, su esencia, es la DICHA. Es dichosa porque le pertenece completamente a Dios, está consciente de ello y lo sabe absolutamente.

Introducción

La conciencia humana es un asunto diferente. Hay muchos elementos que se suman al Alma que componen la conciencia humana. Estos elementos pueden nublar a veces la claridad de la visión espiritual e interferir en nuestra habilidad para percibir a Dios directamente. Esos elementos son el cuerpo, la imaginación, la mente, las emociones, el subconsciente y el inconsciente.

Los elementos de la conciencia humana son, en realidad, microcosmos de universos más grandes. Así, hay muchos planos o reinos de existencia más allá del universo físico que vemos con nuestros ojos. Algunos reinos son de naturaleza positiva y otros, de naturaleza negativa. De la misma manera que en las polaridades positiva y negativa de una batería, es la combinación del positivo y negativo lo que crea movimiento, acción y las dinámicas de la vida tal como las conocemos. La conciencia humana posee herramientas diferentes para niveles diferentes.

Si quieres entender cuan especializadas son las cosas en sus propios niveles, trata de usar tus emociones para mover un árbol de tu camino. No se puede. El árbol es algo físico y no existe en el nivel emocional. Por consiguiente, tus emociones no tienen poder sobre ese árbol. Si deseas moverlo, debes usar una expresión física y moverlo físicamente.

Tenemos un cuerpo físico, que es una herramienta para el nivel físico. Con el cuerpo podemos manipular ese nivel. Podemos movernos a través del espacio y mover objetos. El cuerpo es nuestro vehículo en nuestra vida aquí, en el nivel físico. También contamos con la imaginación, que es nuestra herramienta en el nivel astral de la conciencia. Podemos "ver" diferentes escenas en nuestra imaginación. Podemos simular o crear todo tipo de cosas. Podemos crear escenas agradables y podemos crear pesadillas. Esas creaciones tienen vida y poder en la medida en que nosotros se los damos en el reino astral. La imaginación es nuestro vehículo en ese nivel.

Introducción

Las emociones son la herramienta para el nivel causal de la conciencia. Existimos y nos movemos en ese nivel mediante nuestras emociones. Con nuestras emociones podemos influir en las emociones de otros. Son una herramienta muy poderosa.

En el nivel mental de conciencia, la mente es tu herramienta. Puedes crear pensamientos, conocer teorías. Puedes usar la lógica, la inducción y la deducción... Hay muchos procesos en la mente. La mente es tu vehículo para el reino mental. ¿Has tratado alguna vez de explicar una emoción y descubrir que simplemente continúa existiendo sin importar qué tanto **pienses** en que debería desaparecer? Estos niveles, a menudo, se traslapan y entrelazan, aunque en definitiva poseen características diferentes y únicas.

Los niveles inconscientes de tu ser son tu vehículo para el reino etérico de conciencia. Éste es un aspecto difícil de analizar, percibir o definir porque es inconsciente. Sin embargo, hay aspectos que se vuelven conocidos para ti a través de tu experiencia en este nivel. El área del subconsciente ha sido sondeada durante años por psiquiatras y psicólogos, pero sigue siendo un área indefinida. Una de las claves para tomar conciencia en este nivel es saber que no funciona como el cuerpo, la imaginación, las emociones y la mente, por lo tanto, en general, es inútil tratar de identificar los procesos del inconsciente desde estos otros niveles. El conocimiento del inconsciente surge con la **experiencia** del inconsciente.

El Alma es tu vehículo para los reinos puros y positivos del Espíritu. El Alma conoce el Espíritu y a Dios directamente. De nuevo, éste no es un proceso del cuerpo, de la imaginación, de las emociones, de la mente o del inconsciente, aunque puede usar esos aspectos de la conciencia humana de herramientas. Es una experiencia directa de la realidad del ser. Es una experiencia de lo infinito, y no puede ser percibido por aquello que es finito.

Yo trabajo con la Luz y le enseño a mis estudiantes a trabajar con la Luz. Usamos la Luz para conducirnos a nosotros mismos hacia Dios. La Luz es la energía del Espíritu que impregna todos los niveles de la conciencia. Es una energía que es de Dios. Es pura, incorruptible y está a nuestra disposición. Usamos la Luz para volvernos más conscientes de nosotros mismos y de todos los niveles de nuestro ser, para dirigirnos a nosotros mismos a través de todos los niveles, teniendo siempre en mente que nuestra meta es el despertar del Alma. Al orientar nuestra vida hacia la expresión más elevada que conocemos en cuanto a claridad y pureza, tomamos mayor conciencia de la Luz y experimentamos el Alma y a Dios, que es la fuente de toda Luz, de una forma más directa. Esa experiencia del Alma inunda todos los niveles del inconsciente, de la mente, de las emociones, la imaginación y el cuerpo y comprobamos que todos esos niveles se pueden usar para enriquecer nuestra experiencia del Alma. Nada está separado, todo es uno. Cada nivel sirve a su propósito y puede existir en armonía y equilibrio con todos los demás, creando a un ser humano dichoso, equilibrado, integrado y amoroso.

Dentro de cada nivel existen lecciones que hay que aprender. Cada lección apunta hacia un mayor conocimiento de ese nivel y, por consiguiente, a un mayor entendimiento y, en consecuencia, a una mayor libertad. Si no se aprenden las lecciones habrá otras oportunidades para aprender. Estos ciclos de oportunidades se relacionan con los conceptos de karma y de reencarnación.

Digamos que durante tu vida has acumulado una gran riqueza. Tienes dos alternativas: puedes usar esa riqueza y esa abundancia para enriquecer tu vida y las vidas de aquellos que te rodean, o puedes usar esa riqueza para crear patrones de temor, desconfianza y ansiedad. Puedes usar la riqueza sabiamente manteniendo tu vida en equilibrio con los que te rodean, o puedes acaparar la riqueza, ejercer poder sobre los que te rodean, usarla para chantajear, controlar o subyugar. Un uso es positivo y el otro negativo.

Introducción

Usar tu riqueza en forma negativa indica que no has descubierto la verdadera naturaleza de tu riqueza, que no has aprendido la lección de manejar la riqueza con amor. Y esa lección estará allí para que la aprendas en otro momento. Tal vez en el futuro estés en la posición inversa. Podrías ser pobre y desposeído y estar a merced de alguien que sea rico y use esa energía para menospreciarte. De esta forma, se aprende la lección desde el lado opuesto de la experiencia, y tu anterior abuso de la riqueza puede llegar a equilibrarse. En esencia, ésa es la ley del karma que funciona aquí, en el reino físico.

Si usas tu riqueza de una manera equilibrada, si la usas como una extensión de tu amor, si la usas para elevarte y mejorar tu vida y la de otros, demuestras que conoces la naturaleza de la abundancia. La lección se aprende, el karma se equilibra y tu conciencia se despeja.

La ley del karma, considerada más allá del contexto de una sola vida, es la base para la reencarnación. A menudo, los desequilibrios que has creado en tu vida a través del abuso y del mal uso de muchos aspectos de tu conciencia no pueden equilibrarse en una sola vida. Entonces, la conciencia regresa a este nivel para completar las deudas contraídas y equilibrar la acción. La ley del karma es un sistema justo y perfecto y asegura que aquellos que evolucionan dentro de la conciencia del Alma, tengan un conocimiento profundo y verdadero de todos los niveles de conciencia. Este nivel físico es el "laboratorio". Para graduarte, debes demostrar tu conocimiento y tu comprensión de todos los procesos involucrados aquí. "Aprender de un libro" no te hará libre. Tu experiencia es el maestro que te conducirá a la libertad.

No enseño a apartarse de la vida. No enseño a renunciar a la vida. Yo animo a participar en la vida por entero, porque a través de tu participación total en la vida te descubres a ti mismo, y aprendes las lecciones que son necesarias para tu evolución.

Introducción

Este libro te ofrece las claves para tu propia vida, de modo que tu experiencia pueda llegar a ser más beneficiosa para ti. Te ofrece algunas "reglas del juego". Esta vida llegó sin un manual de instrucciones sobre cómo vivirla. Tal vez hayas llegado a la conclusión de que es un juego, pero todo parece indicar que alguien escondió el manual de instrucciones. Cuando las reglas se hacen más claras, es mucho más fácil participar y ganar este juego que llamamos "vida".

Si quieres encontrar
el Reino de los Cielos,
mira dentro de ti.
Si quieres encontrar la paz de
Dios, mira dentro de ti.
Estas cosas no están separadas
de ti.

El Reino Está Adentro

Capítulo Uno

¿Cómo recibes la iluminación? ¿Cómo sucede? De muchas maneras. ¿La consigues a través de ti mismo? Sí. ¿La consigues por ti mismo? Siempre. ¿Y qué pasa si no sabes dónde conseguirla? Aquellos que están iluminados pueden señalar el camino. Su gran valor radica en que pueden ser guías —no maestros, sino guías.

Es desalentador y perturbador cuando las personas que buscan la iluminación, y que todavía no la han alcanzado, se contagian con el "mal del hombre santo": "Mi iluminación es mejor que la tuya". Y, en realidad, ¿cómo se puede juzgar eso? Quieres decir, ¿entre cincuenta y noventa? ¿Entre treinta y cuarenta, y llegando apenas? No creo que se pueda medir de esa forma. Si así fuera, algunas personas se sentirían muy seguras pensando que si usan el vocabulario "correcto", podrían tener a Dios totalmente identificado. "Busca en la página treinta y dos... Ahí está Dios"; pero no sucede de esa manera.

Cuando llegas a la comprensión interior de que necesitas encontrar a Dios, ¿cómo lo haces? Encuentras a Dios a través de ti mismo. Encuentras a Dios tú solo. La gente que sigue a Jesús puede decir: "Jesús te salvará", ¿pero quién tiene que dar el primer paso? **Tú** tienes que dar ese primer paso hacia tu propia salvación. **Tú** tienes que hacer el compromiso de dejar que Jesús te salve. En principio, eso es salvarte tú mismo. Siempre tienes que asumir la responsabilidad de ti mismo.

La gente dice que sus gurús los van a salvar. Pero ningún gurú, ningún maestro trabajará contigo hacia la iluminación, a menos que le hagas saber que estás interesado. Así que vas donde un maestro y le dices que estás interesado y le pides que te salve. Él puede decir: "Muy bien", pero también dirá: "Entonces haz estas cosas que te pido". Jesús dijo: "Haz estas cosas". Todos los maestros dicen: "Haz estas cosas", y cada uno de ellos está señalando la unidad que subyace a todas las cosas. Cada uno de ellos te dirá que hay causas y efectos, y que **tú** eres la causa y que **tú** eres el efecto.

Aquellos que viajan el Surat Shabd saben que en el MSIA tratamos con la Corriente del Sonido de Dios. Ése es nuestro sendero. La Biblia nos dice que el Verbo (que es el Sonido) se hizo carne. Otros lo llaman el Logos. No importa qué palabras uses porque estamos trabajando con la esencia de Dios.

También trabajamos con la Luz de Dios en un proceso de amor viviente. Si estás comprometido con algún sendero y no encuentras el amor de Dios en ese sendero, déjalo y busca alguno que predique el amor. Debe haber en él amor de Dios y amor por Dios. Debe haber en él amor por la conciencia de Luz que emana a través de toda la gente, porque eso es Dios. Si dices que amas a una persona pero a otra no, no puedes decir que amas a Dios. Podrías sentir amor por todos, pero preferir a ciertas personas cerca de ti y, aún así, amar a Dios. Es responsabilidad tuya vivir con preferencias y discernimiento.

Cuando disciernes tus niveles de preferencias, no significa que discrimines al resto. Tampoco es un juego de palabras. Es una realidad. Una vida de preferencias es una vida de discernimiento. No puedes hablar de preferencias, a menos que tengas la capacidad de discernir. Y no puedes discernir claramente, a menos que tengas algún conocimiento del tema en cuestión. El cuerpo físico discierne a los cuerpos físicos y el ser básico discierne a otros seres básicos. Las emociones disciernen a las emociones y la mente discierne a la mente. Y el Alma discierne al Alma y todo lo que está por debajo de ella.

¿Cómo alcanzas el nivel por encima de ti, si el mecanismo y las herramientas con las que cuentas no pueden ver por encima de ellos y, por lo mismo, no pueden llevarte allí? Hay portadores de Luz y guías espirituales que vienen a mostrarte la visión de la iluminación, la visión de la Trascendencia del Alma. Tal vez no puedas distinguir si son un fraude o si son falsos, pero puedes trabajar su información de todas maneras y ver si te hace despertar.

El desafío está presente. Independientemente de quién te lo diga, independientemente de que lo creas o no, si puedes utilizar la información y elevar tu propia conciencia, estarás avanzando hacia la iluminación. Sin embargo, tienes que ir a esos niveles del Espíritu para recibir un despertar del Espíritu. Es difícil discernir al Espíritu si recurres a un libro de matemáticas para ello. (En realidad, podrías, si entendieras que en todas las ecuaciones estás tratando con el infinito. Si te detienes antes de comprender eso, te quedas atrapado en números y cifras, y eso no es el Espíritu).

Para discernir al Espíritu debes sintonizarte con el Espíritu y con aquellos que conocen el Espíritu. Es una eterna lucha, porque en este nivel físico tienes un cuerpo, emociones, una mente, un inconsciente y un subconsciente, todos presionando para atar al Alma a este nivel. El Alma en este nivel físico es el elemento más débil, lo cual explica por qué a veces te desmoronas. No obstante, aquello que es lo más débil en este nivel, perdura por más tiempo. Cuando te elevas hacia el reino del Alma, el Alma se vuelve el elemento más fuerte. Las reglas cambian: el Alma gana. Siempre va a ganar, porque es el Alma la que perdurará más allá de todas las cosas. El Alma en el reino del Alma es energía positiva en un reino positivo, por eso su fortaleza no puede ser igualada. Pero aquí en la Tierra, el Alma es energía positiva en un reino negativo y los elementos negativos parecen tener mayor fortaleza.

En tanto creas y le des poder a las ilusiones de este mundo, quedarás atrapado en ellas. Eso no es malo, puede que la causa y el efecto con los que estás lidiando te mantengan en el plano terrenal para unas cuantas lecciones más, para unas cuantas experiencias más. Ámalas. La clave para liberarte, es amarte a ti mismo y amar cada experiencia que llegue a ti, ya sea que parezca negativa o positiva. Ámalas a todas por igual.

Si alguien se acerca a ti y te dice: "No creo que seas muy inteligente", ama a esa persona. Ella no puede hacer mucho frente al amor puro. Puede que no ames lo que está haciendo o diciendo, tal vez no ames su expresión, pero en algún lugar dentro de ti, puedes seguir amando a esa persona. Puedes amarla lejos de ti. Eso está bien. Tienes derecho a seleccionar a quien quieres cerca. Puedes amar a las personas y no tenerlas a todas en el cuarto de enfrente. Pero puedes amarlas en sus propios cuartos.

Ser espiritual no significa ser "melindroso" o débil. El sendero espiritual no es necesariamente un sendero fácil. Puede ser difícil. Por ejemplo, a menudo es "pan comido" para acólitos, agnósticos, ateos, o cualquiera que tal vez no vea las cosas como tú. Se requiere de gran fortaleza para recorrer el sendero espiritual con la verdad y honestidad de tu propia conciencia.

Una conciencia espiritual mayor conlleva una responsabilidad más grande hacia el Espíritu, y esto quiere decir hacia el Espíritu completo. Es tu responsabilidad ser leal hacia la esencia espiritual que has descubierto adentro. Todas las escrituras dicen, ya sea en la Biblia así como en los escritos sagrados de las religiones orientales, que dejes tu Luz brillar entre los hombres y que tus buenas obras hablen por ti.

Tienes la responsabilidad de ser amoroso. Y, a menudo, puedes hacerlo en silencio más efectivamente que cuando lo haces verbalmente. Es importante ser amoroso en cualquier situación en la que te encuentres. Ni siquiera los cónyuges tienen derecho a herirse mutuamente. No se casaron para eso. Están casados para convertirse en una fortaleza, para posiblemente tener hijos y crear un recogimiento del mundo, donde puedan renovar sus fuerzas. El ambiente familiar puede usarse para recuperar la fuerza necesaria para regresar al mundo y aprender a trabajar con la energía para romper con el condicionamiento del mundo. Si llegas a tu hogar después de un día "infernal" en el trabajo y tu pareja te hace un infierno, eso sí que es el infierno. Entonces, se te quitan las ganas de volver a casa. Tu responsabilidad es ser amoroso: no dejar que se aprovechen de ti, pero sí ser amoroso en todas tus relaciones.

El amor es la clave para despertar el Espíritu adentro. A veces, ni siquiera sabes cuándo estás dormido, en el sentido espiritual. Se requiere de discernimiento para reconocer el grado de tu iluminación y buscar a aquéllos que puedan mostrarte el siguiente nivel. Esa parte que está despierta es el Alma. Nunca duerme. Está en un estado constante de conciencia pura. La mente duerme, las emociones duermen, el cuerpo duerme. Cuando te das cuenta de esto, te preguntas si realmente eres tan grandioso como a veces piensas que eres. *No* eres grandioso en el sentido de tu ego, pero en el Alma eres más grandioso de lo que crees. Los pensamientos no pueden concebir la grandeza del Alma. No puedes encontrar la majestuosidad del Alma en libros de ciencia ni de matemáticas. Puede que ni siquiera seas capaz de mirar a conciencia para encontrar una clave que despierte algo dentro de ti, aunque sea un poco más que antes. Así que todo lo que puedes hacer es soltarlo y decir: "Está por sobre mi capacidad mental".

Júntate con aquellas personas que se estén elevando hacia el Espíritu. Déjalas compartir contigo, pero comprende que el camino de cada persona es único para esa persona. No compares los niveles de lo que tú llamas espiritualidad. Siéntate y escucha y apoya a cada persona con tu amor y la alegría que sientes por ella. Luego, regresa a tu propia verdad, a tu propio trabajo, a tu propio ser. Dentro de ti está el reino de Dios. Tú tienes la llave. En cuanto despiertes más plenamente a la conciencia de Dios, encontrarás que no hay amor ni amante. Sólo existe el Bienamado.

El Alma que Despierta

Si encuentras que amas a Dios, estás separado de Dios. Si encuentras que Dios te ama, estás separado. Es cuando encuentras que **eres** el Bienamado que te conviertes en el sendero. Te vuelves la Luz, la Verdad y el Camino. Entonces, no hay separación; sólo existe el Bienamado.

Cuando un Alma es incitada a despertar, a tomar posesión de su conciencia más elevada, las paradojas de la vida se colocan frente a ella para ver si en la manifestación de esta parte del reino de Dios, puede ella expresar Divinidad verdaderamente. Y dado que este nivel físico es un compuesto de todos los niveles (físico, imaginativo, emocional, mental e inconsciente), desde este nivel podemos despejar las cosas más rápidamente que desde ningún otro nivel por debajo del Alma. Por eso es que el Alma reúne los elementos necesarios para crear una encarnación física. El Alma puede hacerlo, por ser divina, el Alma puede hacer cualquier cosa que desee. Encarna en este reino físico porque sabe que puede revelarse a sí misma más rápidamente desde aquí que desde ningún otro nivel.

El Alma es una poderosa creadora. Manifiesta las cosas que la conciencia pide, ya sea en ésta o en otra vida. Sin embargo, eso que has pedido, por lo general, no se te puede dar en este nivel físico, así que debes esperar hasta que alcances los otros niveles para tenerlo. Si has pedido cosas de naturaleza física y dejas este cuerpo antes de conseguirlas, tal vez te vayas al reino astral, el reino más cercano al físico, y consigas aquello que pediste. Pero cuando lo consigues allí, podría convertirse en algo muy perturbador para tu cuerpo astral, y entonces querrás purificarte de eso. Esta purificación tradicionalmente es llamada "infierno" o "purgatorio", que no es un proceso negativo. Es la purificación. Es deshacerse de las últimas ataduras del nivel físico.

Dios, en Su conciencia perfecta, instauró ciertos patrones que toda conciencia individualizada, toda Alma, debe cumplir. Y todos los seres humanos cumplirán esos patrones a su propio ritmo. Hay maneras más rápidas y menos rápidas. Si se te puede enseñar en realidad, el Alma se despertará al nivel físico y disolverá toda esclavitud kármica. Entonces, estarás consciente del Alma en este nivel y en todos los otros niveles. En ese momento, te convertirás en lo que llamamos los "vivientes libres". No habrá una sola cosa que hagas que no sea perfecta a los ojos de Dios: ni una. Y no harás nada que no esté en perfecto equilibrio con quien tú eres y donde tú estás. Otras personas podrán mirarte a ti o tus acciones y condenarte, pero eso qué importa. Están condenando a todo el mundo, no sólo a ti. Cuando escucho a la gente decir algo negativo de mí, simplemente los miro, sabiendo que si están hablando de mí, están hablando de todo el mundo. ¿Por qué debería preocuparme de que me escojan a mí? Sus chismes regresarán a ellos para que los resuelvan en otro momento, porque ésa es la ley.

Es bueno comprender que el Alma se considera a sí misma responsable de todas sus acciones y creaciones. La conciencia puede tratar de "salirse con la suya", de engañarse a sí misma y de anestesiarse con respecto a patrones de inconsciencia, pero el Alma dice: "Yo soy esas cosas. Yo soy responsable de todo eso. Lo cumpliré ahora mismo hasta lo más mínimo". El Alma cumple todas las cosas dentro de sí misma.

El Alma, la esencia de Dios adentro, es responsable. En última instancia, es la autora de todas tus acciones, así que dale la autoridad a quien le pertenece. Jesús dijo: "Por mí mismo no puedo hacer nada. El Padre adentro es el que lo hace todo". El Padre es el Dios adentro, o el Alma, o el término que quieras usar. A menudo, lo llamamos la Luz. Jesús dijo que él era la Luz, la Verdad y el Camino. Buda dijo que él era la Luz de Asia. La Luz que emana eternamente es la Luz de la cual estamos hablando. Es la energía pura del Espíritu.

Cuando el Alma deja el reino físico y comienza a elevarse, es muy fácil soltar la imaginación, muy fácil soltar las emociones y muy fácil soltar la mente. Pero cuando llegas al nivel etérico (el inconsciente), miras dentro del inconsciente y ves que te refleja las glorias de la Tierra. Entonces, podrías identificarte con ellas y reencarnar. Una manera de abrirte camino por el reino del inconsciente hacia el Alma, es trabajando con alguien que tenga las llaves, el conocimiento y la capacidad de mostrarte la ilusión del inconsciente y abrirse camino a través de él hacia el Alma. A menudo, el inconsciente ejerce una atracción tan poderosa hacia lo físico al rememorar las emociones y los deseos, que la conciencia no atiende al guía espiritual y retrocede hacia la reencarnación.

Cuando te elevas muy alto de la Tierra, la ves como un paraíso, como un jardín del Edén. Creo que uno de los astronautas dijo eso cuando vio la Tierra desde una altura considerable. Cuando te elevas alto en tu conciencia y miras hacia atrás, podrías exclamar: "¡Wow, es un paraíso!", e impulsarte de nuevo hacia abajo. Existen muchas razones por las cuales el Alma sigue regresando. De cierta forma, éste es un paraíso, pero no tanto como los reinos superiores de Luz y amor. Puedes vivir aquí en cuerpo físico y residir en el Cielo estando consciente de ambos niveles simultáneamente. ¿Cómo lo haces? Ganas suficiente experiencia en este nivel y desarrollas un conocimiento de lo que este nivel es. Luego dejas de hacer esto y automáticamente comienzas a hacer lo otro.

Para conocer conscientemente el otro lado, debes cerrar la boca de este lado. No debes ser el maestro, sino el estudiante.

Cuando le expliques algo a alguien, no sientas que **tiene** que entenderlo, que **tiene** que captarlo. Eso es metérselo a la fuerza y nadie se lo va a tragar así. Preséntale un punto de vista y déjalo que lo vea. Si no le interesa, puede que no sea para él. Tal vez ya lo haya llevado a cabo en otra dimensión. Tal vez no esté listo para experimentarlo. La no interferencia es muy importante; es muy importante permitirle a toda conciencia, a toda Alma, la libertad de evolucionar hacia su propia conciencia, a su propio ritmo.

Antes de que Mahatma Gandhi fuera liberado de su cuerpo físico, sabía que muy pronto sería asesinado. Un detective le dijo: "Déjeme protegerlo, déjeme ir con usted". Mahatma Gandhi le preguntó qué más traería consigo. Él contestó: "Mi revólver". Gandhi le pidió: "No traigas tu revólver. Déjalo". El detective contestó: "No puedo hacer eso. No podría protegerlo sin mi revólver". Gandhi dijo: "Entonces, no eres tú quien me protege, es tu revólver". La fuerza no funciona. Sin embargo, tan pronto nos colocamos al lado de una persona y la apoyamos con mucho amor y con nuestra Luz, eso ayuda. Gandhi no iba a dejar que nadie interfiriera en el orden de las cosas, y menos que alguien fuera baleado en su nombre. Dentro de su conciencia prefería ser asesinado que ser el asesino. Gandhi fue una gran Alma y conoció su Alma a conciencia.

Esta misma conciencia del Alma podemos tenerla nosotros, pero somos nosotros quienes debemos hacerlo. Debemos manifestar las mismas enseñanzas que han sido enseñadas desde los comienzos. El amor es. No interfiere, apoya. Es eso que dice: "Mira, puede que yo no entienda todo lo que pasa, pero el hecho de que yo no lo entienda, no quiere decir que tú no puedas hacerlo". El amor dice: "Las palabras me son ajenas y la descripción me suena extraña, pero eso no significa que no sea válida y que no pueda funcionar". La primera vez que escuché el dialecto de un país africano, dije: "Realmente no entiendo lo que dicen, pero la gente que se está comunicando sí lo hace". Y, a veces, puede que escuches a la gente hablar sobre física o computadores y que digas: "No entiendo ni una palabra de lo que están diciendo, pero ellos sí". Los que están hablando lo entienden. Tal vez no necesites entender programación de computadoras sino entenderte a ti mismo, porque cuando lo haces, descubres lo que es caminar con el Bienamado. Dios le concede la gracia a toda Alma, porque Dios se concede la gracia a Sí Mismo. Y a través de esa gracia, Dios está diciendo: "Todo está bien".

Descubriendo la Paz

Al comenzar tu búsqueda de la iluminación, del conocimiento de Dios y de la experiencia del Espíritu, puede que busques en muchos lugares. Y es probable que experimentes muchas desilusiones cuando busques tus respuestas "allá afuera". Dos mil años atrás, Jesús el Cristo dijo: "El Reino de los Cielos reside adentro". Habló con la verdad y nos dio una de las mayores claves hacia la iluminación. Si quieres encontrar el Reino de los Cielos, mira adentro. Si quieres encontrar la paz de Dios, mira adentro. Esas cosas no están separadas de ti.

Cuando accedes a la fuente de poder de tu ser en el reino interno, hallas la felicidad y la dicha. Es una dicha dinámica, una expresión de felicidad, y dentro de esa felicidad está la paz. Puede que no sea una felicidad escandalosa o llamativa, pero es una felicidad en la cual la calidez de tu propia conciencia está unida al conocimiento de tu Alma. Y cuando esos dos aspectos se unen, la felicidad es el resultado natural.

Cuando buscas paz o felicidad afuera en el mundo, adoptas patrones de auto-negación, porque en realidad estás afirmando que la paz no está dentro de ti por naturaleza. De modo que actúas desde una conciencia de carencia, y el resultado es carencia. Cuando vas al mundo exterior para encontrar la paz, buscas una sensación. Por un corto tiempo, la sensación puede calmar el anhelo de paz. Puede distraerte momentáneamente, pero no pasa mucho tiempo antes de que las sensaciones del mundo atontan tus sentidos físicos y te encuentras de manera automática volcándote hacia ti mismo y anhelando la paz.

Hay mucha gente que se da la "gran vida", tiene negocios exitosos, buena salud y toda la seguridad que este mundo puede ofrecer..., pero lo que les gustaría más que todo es tener paz mental. Dicen: "Daría cualquier cosa porque mi mente me dejara en paz y yo pudiera juntar fuerzas y sentirme bien en mi interior". Esa paz es tu estado natural, pero si buscas sensaciones afuera en el mundo, puedes oscurecer esa cualidad pacífica interna.

Cuando las personas pelean, en realidad están intentando crear armonía y equilibrio en su situación. Están tratando de encontrar la paz y por eso pelean. La tradición te ha dicho que si gritas más fuerte que el otro, vas a ganar y que entonces vas a hallar la paz y a sentirte contento. ¿Has descubierto que no funciona así? Tú impones tu punto de vista, el otro se calla y, a continuación, sólo espera la oportunidad de desquitarse de ti. Y lo hará cuando estés más vulnerable; atacará tu área más débil y destruirá aquello que pensaste que era tu paz.

Cuando buscas poder en este mundo, siempre habrá gente que tratará de usurparte ese poder a por tus espaldas. Y te lo arrebatarán. Pero si has hecho las paces dentro de tu propia conciencia, **nadie** podrá quitarte eso. Ni siquiera serán capaces de encontrarlo y, con toda seguridad, tampoco de despojarte de él.

Cada mañana, cuando te despiertas, sería lindo que pidieras que la paz de Dios estuviera contigo y con todo lo que entres en contacto ese día. Si eres uno con la conciencia de Dios, nadie puede estar en tu contra. Si ruegas por esa sintonización todos los días (y no importa qué palabras uses), la calidad de tu vida cambiará. Puede que empieces a hablar menos, porque para encontrar la paz interna, a menudo, es necesario callarse a nivel de las palabras para poder escuchar la voz del amor adentro, que tempera toda asociación en el otro mundo.

El santuario del corazón es el lugar de la paz. Debes entrar en el corazón espiritual para descubrir la paz. Dios te habla a través de tu corazón, Dios trae paz a tu vida, y tú puedes conocer la felicidad y el amor. No hay nada que valga más la pena de conocerse. El amor es el único canal que posibilita una comunicación clara. Y la paz es el progenitor del amor.

La sensación es el otro extremo del espectro. Es lo opuesto a la paz. La razón por la cual mucha gente se encuentra en una búsqueda constante de sensaciones, es porque deben confrontarse consigo mismos si van adentro a buscar la paz. Es por eso que las cualidades de la paz y el amor son tan difíciles de alcanzar. Decides que quieres encontrar la paz y comienzas a sintonizarte con tu interior, pero te encuentras con todos tus problemas, con todas tus heridas, con tu dolor y tus enojos. Entonces piensas: "¡No voy a hacer eso! ¡Duele demasiado!", y vuelves al mundo. Vagas de acá para allá y te inventas excusas para ir de un lugar a otro. Luego, cuando finalmente te detienes, tu irritación sigue allí.

A menudo, le decimos a la gente que se quede quieta y haga algo, en vez de que se quede quieta y no haga nada. Quedarte quieto y hacer **algo** significa que estás mirando adentro para estabilizarte. Cuando las emociones te invadan y sientas miedo, observa el miedo. Averigua su origen dentro de ti para encontrar la causa. Si te viene a la mente un dolor del pasado, sigue ese dolor y descubre qué fue lo que lo causó. Entonces, podrá ser despejado en ese nivel. Cuando la Luz de Dios se hace manifiesta en tu conciencia, también puedes experimentar ilusión. La una va con la otra. Las experimentas a ambas y eso puede producir una gran confusión.

Si la gente te pregunta cómo es China en esta época del año, ¿se lo podrías decir? Tal vez no hayas estado nunca en China, pero has visto fotografías de China en esta época del año, así que diles que has visto fotografías. No les **hagas** creer que lo sabes por propia experiencia. O si hablaste con alguien que estuvo allí, podrías decir que alguien te dijo que es linda en esta época del año..., pero de nuevo, no trates de hacer creer que es tu experiencia. Si **has** estado en China, estás capacitado para describir con mayor precisión cómo es y puedes hablar de experiencias específicas que te serían desconocidas si sólo hubieras visto una fotografía o escuchado la experiencia de algún amigo. La experiencia de otra persona es siempre un reflejo. Tu propia experiencia es tu realidad.

El mundo físico siempre es un reflejo. Tu mundo interno es la realidad. El mundo físico está representado por la sensación, y el mundo interno por la paz, la felicidad y el amor. A medida que te sintonices con ese mundo interno, descubrirás que comienzas a experimentar paz. Las emociones se aquietarán, la mente se volverá más calmada y, tal vez, percibas que muy profundo en tu ser, te abres a recibir eso que es Dios. Es posible que sientas que el Espíritu te toca: podrías escuchar una voz susurrar: "Permanece tranquilo y reconoce que Yo soy Dios", y sabrás que estás despertando más y más a tu Ser.

Traer todo al Presente

Puede que, en ocasiones, te encuentres sentado, sin pensar en nada en específico, en una corriente de conciencia, pasando de un pensamiento a otro, libre y espontáneamente. Tal vez no tengas grandes sensaciones, pero ciertamente no quieres ser identificado con el cuerpo. Puede que estés alcanzando un estado de elevación natural, de euforia, en que comiences a descubrir el gozo del Espíritu, lo que se acerca mucho a un "estado de ser".

El gozo, que se mueve dinámicamente a través de tu conciencia, cambiando, variando, actualizando, haciendo nuevo todo, es un indicativo de la presencia del Espíritu. El Espíritu es siempre AHORA, está siempre presente. Cuando estás más consciente de eso, estás también plenamente presente y eres uno con el Espíritu dentro de ti. Esos son los momentos en que el Espíritu tiene más movilidad en tu interior y eres capaz de identificarte más claramente como una extensión de lo divino.

Si tu conciencia está encerrada en el ayer, el Espíritu tiene menos movilidad dentro de ti. Está encerrado, no es libre para fluir con el momento, AHORA. Para mantenerlo en el pasado, tienes que presionar contra él y, a menudo, también presionas a otros para recordarles: "Ayer dijiste...", o: "Recuerdo lo que dijiste la semana pasada". Esa presión causa separación porque, mientras estás presionando para mantenerlos en el ayer, también debes ejercer presión contra ti mismo. Y eso puede sacarlos a ambos de equilibrio.

El ayer tiene muy poco impacto en el proceso del AHORA. Cuanto más, puede ser un escalón hacia el presente, pero siempre y para siempre, debes dejar ir el pasado y entrar en el presente, y hacer que este momento funcione para ti.

A menudo, la gente viene y me dice: "Sabes, hace dos años me dijiste…", y yo los miro y pienso: "¿Y? ¿Todavía no has superado eso?". Les digo que, por mi parte, no necesito tratar de aclarar lo que dije dos años antes. Si ellos lo necesitan, pueden retomar aquella información, actualizarla y hacerla funcionar para este momento. Pero si todavía están colgados de una "respuesta" de hace dos años, están viviendo en el pasado. Debes actualizarla, hacerla funcionar ahora mismo, u olvidarla. Si tratas de resolver el ayer, la semana pasada o el año pasado desde la posición del AHORA, eso es imposible, y experimentarás privación. Trae todo al presente, a este momento. Entonces, en este momento, podrás trabajarlo o descartarlo, y crear todas las cosas desde cero.

Existe un montón de maneras de descartar del pasado. Una es decir: "No sabía lo que estaba pasando entonces". Eso no te excusa de nada, pero puede ayudar a bajar un poco la presión. Otra manera es recordar que, donde tú te encuentras en este momento, en relación al tiempo y al espacio, estás haciendo lo mejor que puedes. Si pudieras hacerlo mejor en este momento, lo harías. Si no lo estás haciendo tan bien, algo te impide aplicar tu plena capacidad de hacerlo mejor. Algo te está bloqueando. Eso tampoco te disculpa, pero podría permitirte ser un poco más benevolente contigo mismo. No caigas en juicios sobre tu falta de conciencia, o la de los demás. El acto de juzgar demuestra en sí mismo una falta de conciencia.

Cuando juzgas, debes rotular y encasillar. Luego, tienes que reafirmar el juicio para asegurarte de que tenga validez en el tiempo. Para hacer eso, tienes que ir más allá de tu campo de energía, más allá de tu **"estado de ser"**, y entonces caes en un estado de contrariedad y desequilibrio. Cuando sobrepasas los límites de tu conciencia, pierdes el equilibrio, y ahora debes tratar de recuperar el estado que te ancla en este plano.

Recibiste tu iniciación física al nacer en esta Tierra. Nada más se requirió para establecerte en este lugar. Estás aquí. Posees evidencia empírica de que tienes un cuerpo, emociones y una mente. Todos esos son elementos de la Tierra, elementos de la conciencia física. Esos elementos terrenales están siempre sujetos al cambio, de modo que eso te obliga a mantenerte en una conciencia de cambio, en una conciencia del ahora, en una conciencia del Espíritu. Las cosas que hiciste ayer pertenecen al ayer. Hoy es un nuevo día y, en la medida en que lo permitas, el Espíritu creará cosas nuevas para ti todos los días.

Para lograr vivir en el AHORA, debes mantener las emociones en una conciencia "ascendente", la mente enfocada en completar el momento presente y el cuerpo saludable para que sea capaz de sostener la energía del Espíritu. Cuando eres capaz de hacerlo, la conciencia se expande. Entonces, viene la responsabilidad de sostener tus energías en ese campo mayor y, desde luego, la recompensa es tu capacidad de hacer más. A continuación, tu conciencia puede expandirse a una capacidad incluso más grande.

Te vuelves muy competente en tu capacidad de expandir tu conciencia y en la responsabilidad de mantener esas energías fluyendo en el presente. Luego, pasas del estado de ser competente al estado de maestría, lo que abarca todos los niveles de comienzo a fin, pero debes seguir manteniendo tus energías fluyendo dentro de la conciencia del AHORA, que es tanto al comienzo como al final y en todos los momentos entre ellos.

Puedes programarte y sugerirte todas las cosas correctas, necesarias y buenas que quieres manifestar en ti. Puedes hacerlo en este momento, ahora mismo, con las energías que están presentes en la conciencia que estás expresando ahora. Programa lo que sea correcto para ti en este momento. Si mañana piensas distinto, puedes cambiar para que concuerde con lo nuevo. No hay nada deshonroso en el cambio. Es un aspecto de la Tierra. Puedes no saber lo que sucederá mañana, dentro de un año, o dentro de diez. En esta eternidad de tiempo viviente aprendes a tomar toda decisión basándote en el AHORA, y si la misma cambia, fluyes con el cambio.

Algunas veces, las decisiones parecen difíciles de tomar porque no quieres equivocarte. Ésa es una actitud negativa. Todas las decisiones involucran hacer una serie de elecciones a fin de mover los eventos de tu entorno de un punto a otro, dentro del tiempo y el espacio. Si tomas la decisión de ir por un camino y éste no funciona, tomas otra decisión y te mueves en otra dirección. En última instancia, no hay decisiones buenas ni malas; verlo así sería una óptica de corto alcance. Todas ellas son experiencias de conciencia.

No existen las catástrofes; sólo parecen catástrofes al ojo del observador. Es la sabiduría de la experiencia lo que estás ganando en el plano terrenal; posteriormente, debes transferir esa sabiduría de una manera gradual a este mundo. Si otras personas comparten sus experiencias contigo y tú aprendes de ellas, es probable que el tiempo que pases entre el miedo y la duda se acorte y así podrás descubrir el centro de tu ser más pronto y vivir en la presencia y el gozo del Espíritu. Descubrir el "estado de ser" puede producirte una satisfacción y un gozo más grande que cualquier otra cosa que hayas conocido en esta Tierra. Trasciende todos los niveles de la mente, las emociones y el cuerpo y te conduce al Reino Interno, que es el hogar de la paz, el gozo y el amor.

La Experiencia del Espíritu

Eres hijo de Dios. Eres hijo de la Luz. El Alma, que es tu verdadera identidad, vive en amor y gozo de una manera natural. Si miras con la intención de encontrar al Bienamado en todos los que te rodean, encontrarás al Bienamado dentro de ti. Si ves perturbación afuera en el mundo, es sólo el reflejo de la perturbación que hay en ti. Si ves algo que no te gusta en otro hijo de la Luz, es porque eso mismo existe dentro de ti y puedes reconocerlo. Todas tus experiencias, todas tus relaciones te reflejan a ti mismo para que puedas aprender a conocerte de una manera cada vez más profunda. El propósito de esta vida y de todas sus experiencias, es elevarte y apoyarte en tu viaje de regreso a Dios.

Un proceso de reciclaje dentro de cada individuo, brinda la oportunidad de experimentar de una manera continua todas las leyes del Espíritu. Permanentemente, tienes la oportunidad de revisar la forma en que te expresas cuando ella te es reflejada. El Espíritu te retorna todo, como si preguntara: "¿Estás seguro?". Lo lograrás cuando hagas lo mejor que puedas con lo que sabes y dónde te encuentras, y cuando decidas que -pase lo que pase- continuarás elevándote y utilizando todo como una experiencia de conciencia. Persistirás por sobre todas las cosas y encontrarás dentro de ti ese "estado de ser", que es la dicha y el conocimiento del Espíritu.

La conciencia del hombre es multidimensional. Lo físico es sólo una pequeña parte de la totalidad. Por lo tanto, no te identifiques exclusivamente con tu cuerpo físico, tus emociones o tus pensamientos. Son herramientas a usar en tu aprendizaje; no son tu ser. Aprendes con esas cosas, y sabes que has aprendido cuando ya no repites tus errores.

La gente me pregunta si alguna vez me deprimo. Si tomo en consideración todo el tiempo y todo el espacio, entonces la respuesta debería ser: "Sí", pero si la pregunta es si me deprimo ahora, o si lo he hecho recientemente, o si pienso que voy a caer en ese estado en el futuro, la respuesta es: "No". La depresión es sólo una manera de mirar las cosas que dice que hay una carencia o una falla en la conciencia. Es una demostración de que te has alejado de tu "estado de ser" y que te has identificado ilegítimamente con algún nivel inferior al del Espíritu.

Hace tiempo me dije a mi mismo que cuando me surgiera ese sentimiento de depresión, inmediatamente sentiría gozo. Reprogramé la depresión por felicidad. Así que, si ese sentimiento comienza a surgir, empiezo a elevarlo inmediatamente. Cualquier cosa que esté por debajo del "estado de ser" puede ser usada para programarte de vuelta a un "estado de ser". Cualquier cosa que esté fuera de centro puede ser aprovechada para regresarte a tu centro.

Es posible que al recorrer el sendero de la iluminación espiritual, te encuentres con muchísimas concepciones erróneas respecto a la "persona espiritual". El precepto básico de las enseñanzas espirituales es que **ya eres espiritual**. No hay nada que necesites hacer para llegar a serlo. No hay un ritual que debas ejecutar para volverte espiritual. No hay libros que debas leer para volverte espiritual. No hay una manera prescrita sobre cómo debas comportarte para ser espiritual. **Eres** espiritual. Eres un ser del Espíritu. Ésa es tu esencia, ésa es tu realidad mayor.

No tienes que tratar de volverte espiritual. No tienes que tratar de ser lo que ya eres. El proceso de **tratar** es como usar una doble negación. Es una redundancia. En un sentido,

tratar de ser espiritual es como que una mujer trate de ser mujer. Ya lo es, no hay necesidad de tratar. Podría "tratar" de ajustar su expresión a algún criterio externo o a la opinión de alguien, pero es un hecho que ella es mujer. Hombres y mujeres son seres espirituales. No tienen que **tratar** de llegar a serlo. Ahora, expresar esa espiritualidad conscientemente en las actividades cotidianas, puede ser un poco diferente. Es posible que tengan que trabajar para poder expresar esa cualidad más plenamente.

Un maestro espiritual me preguntó una vez: "¿Recuerdas un pasaje de ese gran libro malinterpretado, La Sagrada Biblia, que dice: "Quítate los zapatos porque estás pisando territorio sagrado"?, y yo le contesté: "¡Oh, sí! Lo recuerdo en las antiguas enseñanzas religiosas. ¿Crees que ese pasaje significara que la ladera en particular en dónde ellos estaban parados haya sido sagrada?". Él dijo: "Cualquier lugar en donde el hombre se pare, es terreno Sagrado, si él lo sabe y puede reconocer su conciencia espiritual interna. Si es capaz de tener conciencia de la acción de Cristo y del Espíritu Santo dentro de él, está de hecho caminando sobre territorio sagrado". Cuando lo pensé mejor, me hizo mucho más sentido eso que creer que un cierto lugar es sagrado y todo el resto estéril e improductivo. Regresé y revisé la Biblia y encontré que territorio sagrado no se refería realmente a **un** lugar en particular, sino a que donde estuvieran los hombres espirituales, ya sea de manera individual o colectiva, ése sería territorio sagrado.

¿Cómo son un hombre o una mujer espiritual? ¿Qué debería estar haciendo una persona que manifiesta al Espíritu? Hace unos cuantos miles de años, Jesús caminó sobre las aguas, y eso se consideró un acto espiritual. Sin embargo, si hoy día alguien caminara sobre las aguas, la gente tal vez aplaudiría y preguntaría dónde están las rocas. A lo mejor, comprobarían si no había cuerdas que lo sostenían, u opinarían que las aguas no eran realmente profundas, que sólo lo parecían, o dirían que la ilusión fue causada por hipnosis colectiva, porque todo el mundo sabe que es imposible caminar sobre el agua. En ocasiones, los antiguos maestros ascendieron y descendieron sobre columnas de fuego y Luz. Si esto sucediera ahora, la gente probablemente aplaudiría y diría: "Muy buen truco, ¿qué más puedes hacer?". Aunque en esos tiempos, esas cosas eran reconocidas como elevados atributos espirituales. ¿Y fue verdad? Fue un fenómeno, eso es indudable.

¿Una persona espiritual realiza rituales? ¿Una persona espiritual camina rociando agua bendita sobre el resto del mundo? No necesariamente, pero podría. Más que nada, los rituales que tradicionalmente identificamos como indicativos del Espíritu, reflejan más bien un enfoque religioso. Hay una diferencia entre lo religioso y lo espiritual. La gente espiritual rara vez se queda atrapada en dogmas o credos, pero la gente religiosa casi siempre ha creado procesos dogmáticos dentro de los cuales se maneja. Y eso está bien. Ésa es la expresión que ellos asumen y tienen derecho a expresarse de esa forma. Pueden hacer lo que les plazca; todo el mundo puede.

La gente espiritual puede ponerse vestidos color azafrán y recorrer el Tíbet y la India con una pequeña vasija de madera, intercambiando servicio por comida. Pueden leer o escribir cartas para la gente como pago por la comida y el alojamiento. Esta clase de intercambio también *es* un acto espiritual. La persona espiritual "paga" por lo que recibe. Hoy en día, en gran medida, el dinero es el medio espiritualizado de intercambio con el cual trabajamos. Es espiritual. Es una manera conveniente de intercambiar bienes por servicios en una sociedad compleja. Así, la persona espiritual puede vivir y trabajar dentro de la sociedad occidental moderna.

La vida espiritual es compatible con la sociedad moderna. Para comprender la verdad de esta declaración, sólo ajusta tu punto de vista para que abarque la comprensión de que el Espíritu se manifiesta de muchísimas maneras, y te encontrarás en muy buen pie. Si no puedes ampliar tu punto de vista, te encontrarás con frustraciones y "problemas". Como tu incapacidad para controlar tus "problemas" puede ocasionarte desesperación, podrás comenzar a deprimirte y a teñir tu conciencia con sentimientos de: "Nadie me quiere, nadie se ocupa de mi, pobre de mí, no sirvo para nada". Caes en estas expresiones porque sientes que no puedes controlar lo que está pasando en tu entorno.

Puedes controlarte *a ti mismo* (actitud) dentro de tu ambiente interno, pero no puedes controlar el ambiente externo. El sol va a salir mañana te guste o no. Podrías decir: "Lo sé. ¿Quién intentaría controlar eso?". Ése es un ejemplo exagerado, sí, pero muchas veces es útil llevar las cosas a un extremo para que puedas percibir más claramente lo que está sucediendo. Sería tan inútil para mí tratar de controlar la corriente sanguínea en el cuerpo de alguien como tratar de controlar el sol. Puedo decirle que se detenga, pero continuará sucediendo igual. Podrías pensar que también eso es un poco extremista, pero, de igual manera, tampoco puedo controlar la mente, las emociones, ni las opiniones de nadie. No puedo lograr que la gente haga nada diciéndole que no debería hacer tal cosa de **esa** manera, ni que debería hacerlo de **esta** otra. Si ellos no lo ven como yo, seguramente no lo van a hacer a mi manera. Lo van a hacer a su manera y tienen ese derecho y esa libertad.

En demasiadas ocasiones esperas que la gente haga lo que tú crees que deberían hacer. Luego, cuando no lo hacen así, te disgustas. Los has colocado en un pedestal. Dices: "Tienes que hacerlo de esta manera porque yo espero eso de ti". Ésa no es una posición envidiable ni para uno ni para nadie. Cuando la gente trata de ponerme en un pedestal, me bajo de nuevo porque simplemente no tengo tiempo de tener mis zapatos lustrosos a su manera. Estoy muy ocupado trabajando. Y cuando estoy trabajando, a veces no tengo tiempo de hacer lo que otra persona quiere o espera de mí.

No trates de controlar a la gente. Déjalos que se desarrollen de la manera que quieran. Es hermoso sentarse con otros y que comiencen a hablarte de sí mismos. El apoyo está en escuchar y oírlos revelarse a ti poco a poco, mientras tú te mantienes libre de juicios u opiniones preconcebidas respecto a lo que ellos deberían o no deberían ser. Puede compararse con leer un libro, es agradable leer página por página y captar su sentido. Si eres un lector veloz, lo leerás muy rápido, pero aún así podrás captar la calidad del libro. Algunas personas se revelan a ti mucho más rápido que otras. Y, muchas veces, la gente revela más con lo que no dice que con lo que dice. Tienes que aprender a leer entre líneas. Si no puedes, es porque tienes prejuicios. Tu mente está pensando que tendría que ser de una cierta manera. No hay "ciertas maneras" en este planeta. Sólo hay maneras que funcionan y maneras que no funcionan. Y cuando la gente se revela a ti, te hablan de cosas que funcionaron o no funcionaron para ellos.

Escucha con atención cuando otras personas compartan contigo. Su información es valiosa. Puedes usar las lecciones y las experiencias de otros para complementar las tuyas. Puedes estar pasando por experiencias similares y aprender de ellos qué camino tomar. O tal vez puedas usar la información que te dan para ayudar a alguien más. Cuanto menos, su información puede señalar áreas en las cuales no deseas entrar. Deja que cada persona sea tu maestro. Sé el mejor estudiante posible y aprende todo lo que puedas de cada situación. Luego, selecciona todo aquello que pueda funcionar para ti y **trabájalo**. Avanza continuamente en el sendero de tu propio destino divino. Cuando lo hagas, estarás manifestando aquello que es espiritual y estarás expresando una cualidad que tiene la persona espiritual.

Lo que determina que estés más o menos consciente espiritualmente es tu habilidad personal para sintonizarte con el Espíritu. La responsabilidad siempre regresa a ti como individuo. Hay muchas maneras de tener comprensiones espirituales y aquello que viene junto con dichas comprensiones. Podrías pensar: "¿Cómo puede ser espiritual José? Es mecánico". O: "¿Cómo puede ser espiritual Enrique? Se fuma tres paquetes de cigarrillos al día y a veces no se ducha". Esas conductas físicas puede que tengan muy poco que ver con ser espiritual. Algunas veces dices: "Mira qué espiritual es Susana. Va a la Iglesia todos los domingos". Pero, ¿mantiene ella esa "conciencia de domingo" los lunes, martes, miércoles, jueves, viernes y sábados? Una persona espiritual no necesariamente debe ser un asiduo de la iglesia. Puede serlo, pero también está en la "iglesia" el resto de la semana. Ésa es una clave de la conciencia espiritual.

Otra clave es que la persona espiritual está "de guardia" veinticuatro horas al día, "ocho" días a la semana —de guardia cuando sea necesario y, a veces, inclusive de guardia cuando no sea necesario. Si nadie llama, está bien. Pero la persona espiritual está disponible por si la necesitan. A veces, es importante llamar si necesitas algo, comunicarte física y verbalmente con la gente. Cuando la única manera de resolver algo requiere de mayor comunicación, la persona espiritual está disponible para sostener la Luz y ayudar a atravesar los "baches del camino". No se debe **abusar** de la conciencia que la gente espiritual manifiesta, pero ciertamente hay que **usarla**. A menudo, cuando hablas con una persona espiritual, puedes sentir cómo su Luz, amor y gozo te elevan, dándote una percepción más clara de tu situación. Tu entusiasmo crece a medida que tu conciencia se eleva y tú retomas tu camino fresco y recargado.

La persona espiritual no está necesariamente exenta del efecto de las leyes físicas del planeta. La persona espiritual no perturba las leyes espirituales que son reflejadas a través de las leyes físicas del planeta. Es verdad que si Dios te diera la habilidad, podrías crear un universo. Ese poder está a tu disposición. ¿Pero dónde pondrías un universo? Es verdad que podrías crear toda clase de cosas en este mundo físico, ¿pero qué harías con ellas? ¿Quieres alterar el plan que fue establecido al comienzo de los tiempos? No, si estás expresando una conciencia espiritual. Mejor te alineas con lo que está pasando y aprendes a **usarlo** en su más alto potencial.

Aquellos que manifiestan su conciencia espiritual pueden ser reconocidos por su capacidad de alcanzar los objetivos que persiguen. Rara vez se puede bloquear su progreso. Sin embargo, avanzan hacia aquello que es para su bien mayor, hacia las cosas que los elevan hacia una conciencia espiritual mayor. Si actúan contra eso, se encuentran con muchos obstáculos en el camino. Pueden, si así lo desean, hacer caso omiso de los bloqueos pero las cosas se ponen difíciles de manejar. Si ves que tu persecución de una meta específica se dificulta, sé sabio y retrocede, dale otra mirada a lo que estás haciendo y a tus motivaciones y re-evalúa si tu meta es o no para tus más altos fines y para los más altos fines de todas las personas que están cerca de ti.

La persona espiritual **actúa** sin esperar recompensas, aunque sabe muy bien que una recompensa sería maravillosa. Los actos de servicio se completan sin esperar nada a cambio. Y si llega una recompensa, ésta se cuida con amor, porque los tesoros son almacenados en el Cielo. La persona espiritual sabe que todo es perfecto y que realmente todo está funcionando bien, aun cuando no lo parezca. La persona espiritual no siente necesariamente la negatividad de este planeta con mucha profundidad, pero mantiene una conciencia abierta al fluir de la Luz. Al abrirte y dejar que el amor espiritual fluya y dirija tu Luz hacia el mundo, te conviertes en un instrumento de la Luz y te elevas hacia una expresión de tu espiritualidad aún más plena. Recuerda que ya eres espiritual. Puedes acrecentar la espiritualidad expresada poniendo más amor en lo que haces. Entonces, tu expresión comienza a reflejar más y más puramente al ser espiritual que tú eres.

El progreso espiritual es un proceso continuo de dejar atrás los viejos patrones familiares y aventurarse hacia los nuevos. Todo el viaje puede convertirse en una aventura.

El Espíritu es un Proceso del Ahora

Capítulo Dos

Existen simultáneamente muchos reinos del ser. La mayoría de las personas no tienen inconvenientes para estar conscientes del reino físico y pueden identificarlo muy fácilmente. Es bastante evidente: tienes un cuerpo físico y existes en este reino. Existen otros niveles de los cuales puedes estar o no consciente. Por encima del físico está el astral, que se equipara con el proceso imaginativo-emotivo dentro de ti. El "hombre del saco", los miedos y las fantasías que creas tienen forma y sustancia en el reino astral. El reino causal tiene que ver con tus sentimientos y emociones, con el nivel de los sentimientos. El reino mental se relaciona con el proceso de tu mente. El reino etérico tiene que ver con tus procesos inconscientes. Y el reino del Alma tiene que ver con el Alma, que es tu ser. El Alma es tu realidad más verdadera. Todos los niveles inferiores son ilusorios y transitorios.

Los reinos inferiores (etérico, mental, causal, astral, físico) ya han sido creados. Están completos. Simplemente estás despertando a esa creación de una forma más plena y total todo el tiempo. En los reinos superiores, la creación es activa, dinámica y continua en el proceso de llegar a ser. En los reinos inferiores, la creación **parece** ser continua porque el proceso de despertar a ella es permanente y lo será por largo, largo tiempo. Pero en unos trece a quince mil millones de años, los niveles inferiores de creación, tal como los conocemos, serán replegados de vuelta a Dios, y esto que ahora existe se convertirá en un vacío.

Hay muchas oportunidades de acceder a tu saber y descubrir aquello que es, liberándote así del ciclo de reencarnación y liberándote para avanzar conscientemente hacia los reinos superiores y volverte parte del proceso continuo de creación. Estás en el umbral de tu saber; ahora es sólo cuestión de instalarte en él. Estás ante el umbral del ser, tú decides cuándo lo asumes. Puedes estar en el umbral por muchísimos años, o puedes acceder a tu saber ahora mismo. Es difícil dar el paso hacia aquello que sabes, hacia el ser, a menos que estés dispuesto a comprometerte totalmente contigo mismo, con el Alma que eres TÚ. Y es difícil comprometerse con ese descubrimiento, si divides tu energía entre varios objetivos y senderos.

Aquellos que están en el proceso de descubrirse a ellos mismos, de descubrir el Alma, encuentran que las experiencias en los distintos reinos de Luz se vuelven tan reales como las experiencias del mundo físico. Comienzas a experimentar la trascendencia del Alma a medida que vas confiando en tu propio nivel de experiencias en reinos distintos al físico.

El Alma se involucra en los reinos inferiores con el fin de experimentar la totalidad de Dios. Su propósito en esencia es experimentar. Para la evolución del Alma, las experiencias no necesitan repetirse porque el propósito de cada experiencia se cumple al completar esa experiencia. Cuando comienzas a trabajar con la Conciencia del Viajero Místico, a menudo, encuentras que tu progreso se acelera. Puedes encontrarte pasando por muchas experiencias y simplemente dejándolas ir una vez que se completan. Cada vez hay menos necesidad de aferrarte a lo viejo y cada vez hay más excitación por descubrir lo que sigue.

Si intentas regresar a la experiencia de ayer, aun cuando esa experiencia haya sido placentera, puedes encontrar que se ha ido. Y si persistes en tu intento de recuperarla, experimentas frustración y, muy a menudo, dolor y confusión. Mucha gente encuentra grandes dificultades cuando intenta vivir en un momento distinto del **ahora**. La dificultad surge cuando la gente recuerda el pasado y su dulzura y trata de hacerla funcionar en el hoy. La dificultad también surge cuando la gente se proyecta hacia el futuro y trata de hacerlo suceder de una manera preestablecida y determinada, o cuando tiene miedo de lo que pueda ocurrir. Si eliminas la aprehensión del futuro y los recuerdos del pasado, estarás experimentando el presente. Si se te olvida recordar, puedes estar aquí y ahora.

El Espíritu es un proceso del **ahora** y sólo existe ahora. Si tratas de aferrarte al pasado o al futuro, te quedas estancado y sientes la ausencia del Espíritu porque él no puede existir para ti si no es en el **ahora**. El proceso de apego al pasado o al futuro puede convertirse en una fijación dentro de tu conciencia.

Si experimentas una desilusión por alguna experiencia, esa desilusión existe en el momento de suceder y es válida en ese momento. Pero si te aferras a ella y la dejas que afecte el momento siguiente —y el siguiente y el siguiente—, ella se vuelve una fijación y comienza a controlarte. Déjala ir y permanece en el ahora. En realidad, no existe nada antes o después del momento en que algo sucede. Si tienes una pelea con tu ser amado y esa persona dice algo que te hiere, la herida existe en ese momento y es válida en ese momento. Si dejas que esas palabras tiñan todo lo demás a partir de ese momento, el incidente se vuelve una fijación y te afectará de una manera tremenda. Deja ir cada momento a medida que suceda. Ése es el camino hacia la libertad.

Sólo puedes romper una fijación cuando ella está presente. Tal vez fumes y te gustaría dejar de fumar, pero no puedes romper la fijación de fumar cuando no sientes el impulso a fumar. El momento de romper el hábito del cigarrillo **no** es después de haber fumado y cuando te sientes equilibrado y feliz. El mejor momento para romper el hábito de fumar es **cuando quieres el siguiente cigarrillo**. Puedes romper el hábito cuando agarras el cigarrillo y lo vas a encender. Ése es el momento de tirarlo. Si lo prendes, te rindes y sigues siendo dominado por tu fijación. Este mismo proceso se aplica a cualquier fijación, ya sea la bebida, el comer en exceso, la lujuria, o lo que sea.

Las fijaciones del pasado las detienes al no caer en ensueños y recuerdos del pasado. Y las fijaciones del futuro las detienes al no caer en fantasías y quimeras sobre lo que podría suceder. Si vives el ahora, enteramente presente y participando en cada momento de tu vida, tu vida simplemente se desarrolla de la manera correcta y apropiada para ti. Te encuentras sintiéndote feliz al experimentar el fluir espiritual que está presente en todo momento.

Una manera de estar en el momento presente es haciendo meditación u orando, y manteniendo tu conciencia lo más estable posible. Eso te permite pasar más allá del dominio de tu fijación y acceder a la libertad. Tu oración podría ser simplemente contar hasta cien y si lo usas como una herramienta para mantener tu mente y tu atención estables, puedes llegar a tener éxito. Si te sintonizas internamente con tu Ser mientras cuentas, es posible que descubras muchos niveles dentro de ti donde podrías romper con muchas fijaciones.

Una de las fijaciones más duras es la expectativa respecto a lo que los demás deberían hacer por ti. Se llama juzgar; a veces se llama prejuicio o pre-juzgar. Si te quemas la mano en la estufa y desde ese momento en adelante odias todas las estufas, eso es prejuicio. ¿Es tonto? Sí, pero la gente aplica esa misma lógica a las relaciones interpersonales. El proceso es igualmente nulo, independientemente del objeto al que se aplique. Si **evalúas** la situación, puedes decidir que poner tu mano en la estufa la quema. Eso no hace que la estufa sea "mala" o que esté en "tu contra". Es sólo una evaluación de lo que es y puedes trabajar con eso. Es fácil. Si te conectas con el miedo, una expectativa o fijación, vas a tener un poco más de dificultades.

Vivir en el aquí y el ahora significa libertad. El Espíritu nunca te dará nada que no puedas manejar, así que puedes estar seguro de que siempre serás capaz de manejarlo todo. La forma de hacerlo es permaneciendo presente en el momento y atravesando simplemente cada experiencia a medida que ella se presenta. Aquellos de ustedes que trabajan con la conciencia del Viajero Místico, saben que yo lo atravieso con ustedes. Nunca estás sólo. Estás perfectamente protegido todo el tiempo. Y a medida que te vuelves consciente y confías en ese proceso, la vida se vuelve muy alegre.

Elevarse Más Allá de los "Problemas"

Tú tienes la posibilidad de ascender desde tu nivel actual de conciencia hacia otros niveles de conciencia superiores. Sin embargo, esto puede ser desafiante si no has considerado la posibilidad antes. A menudo, necesitas que se te haya dado una llave, que se te haya señalado una puerta, que se te haya hecho notar el ojo de la cerradura o la perilla de la puerta. Entonces, de ti depende actuar. Si no haces nada, entonces te quedas sentado con las llaves, la información, el conocimiento y todos los recursos que podrían cambiar tu vida. Pero no sucederá nada, a menos que tú lo hagas. Revisemos la alternativa de "no hacer nada".

A menudo, puedes encontrarte tomando decisiones por omisión. Esto sucede cuando no tomas una decisión ni "a favor" ni "en contra", y luego descubres que te imponen la decisión desde fuera. Tal vez no te sientas muy feliz con la decisión que tienes que tomar, pero si no actúas, se te va a imponer una acción a la fuerza. Demasiado seguido vacilas por miedo a equivocarte al tomar una decisión, si es que alguna decisión puede llamarse "equivocada". En realidad, no hay decisiones equivocadas. A través de toda mi experiencia de trabajar con gente, tanto en éste como en otros niveles de conciencia, he encontrado que no existe una decisión equivocada, excepto cuando la gente la rotula como "equivocada".

Después de que decides algo, puedes considerar esa decisión, ese movimiento o dirección como una lección -simplemente como una lección-, como un método para resolver problemas. Si el problema se resuelve, estás contento con la decisión. Si no, tomas otra decisión. Cualquiera sea la dirección en que tu decisión te guíe, se trata de una acción positiva porque promueve dirección y movimiento hacia adelante.

Cuando eres incapaz de ver la salida frente a un problema, de ver un rumbo, de tomar una decisión, te sientes "encajonado" o a la merced de las circunstancias y eso produce frustración y una sensación de invalidez. Mucha gente se estanca en esto y lo rotula como "complejo de inferioridad". Un señor me dijo una vez: "Tengo un complejo de inferioridad", y yo le contesté: "Tal vez no sea un complejo". El jugó un poco con la idea y dijo: "Puede que no lo sea". Yo le pregunté: "¿Es posible que en esa área en particular **seas** inferior?". Él lo pensó un rato y dijo: "Sí, creo que sí". Yo le dije: "Entonces, ¿por qué no trabajas en un área en la que no seas inferior?". Él lo consideró por un momento y decidió que se desempeñaría mejor en otra área. Se enfocó en esa nueva área y tuvo mucho más éxito. Luego, trabajó en su área débil en los ratos libres hasta que también se fortaleció en eso. En otras palabras, evaluó correctamente cuáles eran sus áreas fuertes, utilizó sus fortalezas al máximo y trabajó en sus áreas débiles para convertirlas en fortalezas de modo que también pudiera usarlas para enriquecer su forma de expresión.

Muchísimas veces, el "problema" es permitir que una situación se manifieste en un nivel que consideras de debilidad para luego declararla demasiado difícil para ti. Entonces, se convierte en un **problema**. Sólo es un problema mientras tú lo veas así; otra persona podría mirarlo y ver la solución inmediatamente. Con frecuencia, aquello que ves como un problema, no lo es, sino una expresión más. Cuando lo percibes como otra alternativa de expresión y ves que hay muchas formas de expresión, puedes cambiarlo por otra forma.

Si miras la vida como una escalera, podrías considerar todo "problema" como un peldaño de esa escalera. Si evitas los problemas, puedes privarte de un posible crecimiento. Aprendes de tus experiencias y, a menudo, aprendes más de las experiencias negativas que de las positivas. Las experiencias que te golpean y logran sacudirte, suelen ser las áreas más efectivas de aprendizaje.

Todos recuerdan los buenos momentos que han vivido. Observa cuánto tiempo has gastado tratando de pasarla bien. ¿Y realmente qué conseguiste? ¿No es que los buenos momentos surgieron espontáneamente? ¿No es que se dieron simplemente en el trascurso de tu vida? Los atravesaste de una manera fluida y feliz. ¿Y qué pasó con los malos momentos? ¿Acaso recuerdas quién dijo qué y a quién, y los detalles de la situación? ¿Puedes sentir el dolor y la agitación en tu estómago? Sí, porque tal vez estés aprendiendo más y recuerdes mejor a través del proceso negativo. Pero si puedes usar el proceso negativo como un peldaño, ¿ha sido realmente negativo? Lo convertiste en una acción positiva. Superaste tu negatividad al ponerte de pie sobre las cosas que parecían negativas y las usaste para elevarte más alto. El "problema" sigue ahí; lo único que tú haces es cambiar tu conciencia en relación con eso y comienzas a elevarte y a descubrir que TÚ eres mucho más grande que cualquier "problema" y que TÚ tienes las llaves para resolver todos los "problemas".

En el momento que reconoces que hay una respuesta para todo problema, encontrar la respuesta se vuelve más fácil. A veces, la respuesta es no hacer nada, permanecer firme y tomar la decisión de no actuar. Muchas veces, la gente se enreda porque siente que debe actuar. Dicen: "Tengo que hacer algo al respecto", y si se les pregunta por qué, puede que contesten: "¡Porque tengo que hacerlo!", lo que no es necesariamente una buena respuesta. Podrías preguntarles: "¿Qué pasa si haces esto?", y que contesten: "No funciona". Sigues preguntando: "Bueno, ¿y esto otro?", pero dicen: "Eso tampoco funciona". Finalmente, preguntas: "¿Y qué pasa si simplemente te quedas quieto?", y a eso se demuestran un poco más dispuestos. Entonces, se quedan quietos y esa tranquilidad permite que la solución surja en su mente. Cuando ven hacia dónde ir, se ponen en movimiento. Y luego los escuchas decir: "Gracias a Dios que no hice nada precipitado. Qué bueno no haber tomado una decisión impulsiva".

A veces, una "decisión por omisión" puede ser una buena forma de acometer algo pero, en general, dado que eres una fuerza directriz y energía en movimiento, es mejor hacer movimientos que tengan dirección y sean conscientes. Es un comportamiento constructivo. Es tu crecimiento. Tan pronto expreses una intención, de una manera u otra, coloca tu energía en esa decisión. Posteriormente, si no estás claro, puedes echar pie atrás y orientar tu energía en otra dirección. Si te mueves sin dirección y andas todo el tiempo sobre una "cuerda floja", usualmente, terminas frustrado. Suele ser necesario hacer un movimiento. En tal situación, sea cual sea la decisión que tomes y la dirección en que te muevas, serán para tu bien mayor. Lo importante es que puedas avanzar, ascender, ya que en el proceso de moverte vas desarrollando muchos recursos auto-correctivos. Puedes evaluar y cambiar tu dirección, tus movimientos y tus decisiones en todo momento. Una decisión no te encarcela. Y mientras te sigas moviendo, no hay nada que impida que muevas tu conciencia hacia niveles de conciencia más y más elevados.

Manejando Dilemas

A menudo, se ha dicho que se requiere de mucho valor para ver el rostro de Dios. Y es cierto, porque para ver el rostro de Dios debes mirar más allá de todas las ilusiones de los niveles inferiores. Debes ver más allá de los condicionamientos de este mundo y de esta sociedad. Debes ver más allá de las ilusiones de tus propios sentidos. Debes ver más allá de tus propios dilemas. Dios está presente en todo; Dios está plenamente presente todo el tiempo. Tu dilema es malentender la condición de aquí y ahora de la presencia de Dios, y en tu incomprensión, te rindes al poder negativo, al dilema.

El problema surge cuando separas entre "aquí" y "allá", cuando te percibes como tú estando "aquí" y alguien o algo estando "allá". Entonces, quieres a esas personas o cosas y te esfuerzas por llegar a ellas, pero descubres que no eres capaz. Sólo cuando puedes ir más allá del dilema comienzas a manejar la situación. Si te sientas "aquí" y percibes la situación "allá", ella te parecerá agobiante, así que te "mueres". Ése es el problema. Sin embargo, la parte de ti que se siente agobiada es la que **debería** morir. Debería ser confrontada siempre. Debería ser expuesta en permanente confrontación, pero no en resistencia.

La resistencia es otro problema. Con resistencia, no puedes confrontar y **ganar**. Para ganar, debes confrontar la situación expandiendo lentamente tu campo de energía, el campo de tu ego, hasta abarcar la nueva situación. Si enfrentas las situaciones de a una a la vez, es muy fácil. Apenas sientas: "¡Ay! Lo estoy malogrando; se me está yendo de las manos", recoge tu campo de energía y guárdalo. Mantente firme. Tal vez tengas que mantenerte firme durante un mes, cuidando tu equilibrio, observando la situación, pensando. ¿Por qué tendría que durar más que yo? Mientras la situación esté en un estado cambiante, yo puedo estar un estado espiritual de espera y de cumplimiento, y durar más que el cambio".

Esa pregunta y esa comprensión te lanzan hacia tu centro nuevamente, hacia el Espíritu y el Alma. Cuando estás devuelta en el centro, la energía espiritual comienza a irradiarse hacia fuera, pero ya no como personalidad o como expresión de los sentidos físicos, sino desde el centro de claridad que es tu propia Luz. Ella irradia hacia fuera y se convierte en el orden de tu universo y entonces no hay nada que no puedas hacer porque todo adquiere la misma igualdad. Si alguien arroja una bolsa de joyas preciosas, la recoges y la guardas y si alguien arroja una carga de estiércol en la carretera, la despejas con la pala. Ambas situaciones son iguales.

Tu fuerza radica en la conciencia espiritual. Jamás puede radicarse en una forma externa a ti, ya que por el hecho de ser física, la forma es siempre corruptible. Ésa es la razón de que rara vez te sea develada tu forma espiritual o la de nadie. Tú mismo o alguien más podrían tratar de destruirla. Es como el viejo refrán: "El que a hierro mata, a hierro muere". Es decir, aquellos que viven por la forma, mueren por la forma. Como esa forma destruye, será destruida también, aunque no necesariamente con un arma de hierro, sino mediante alguna forma que cumpla con esa destrucción. Todos hemos escuchado alguna vez de alguien que haya matado a otro sin consecuencias notorias. Pero tal vez ese alguien haya "muerto" de otra forma, atravesando una agonía o sufrimiento mayor que el que la muerte física le habría proporcionado. Tal vez la forma que "mató" a la persona haya sido la de una joven amante que lo abandonó. Quizás haya sido otra forma que contenía el potencial de su destrucción.

Si estás expuesto a ser destruido por una forma, por una situación que te parece imposible de controlar, ése es tu dilema. Si un joven es rechazado por la chica de sus sueños, su primer paso para resolver el dilema es comprender: "¡Vaya! No puedo tenerla. Ése es mi dilema. Ése es mi karma en este momento. Así que, como no puedo tenerla, haré lo que pueda simplemente".

Sin embargo, muchas veces, la imagen de esa chica continuará apareciendo en su mente y eso le dificultará el mantenerse en equilibrio. Si permite que la imagen se instale, si se masturba pensando en ella, si le pone energía a esa imagen, estará creando y perpetuando su dilema. Estará poniendo todo en una imagen que no tiene nada que ver con su situación actual. La manera de cambiar la situación es insertando en el momento de mayor energía, en el momento del clímax, una nueva imagen y trasladar la energía sexual hacia esa nueva imagen y muy pronto dejará de sentir ese gran deseo por ella. Ésa es una manera de manejar el dilema. La imagen absorbe la energía y adopta otro marco de referencia, de acuerdo a tu comprensión. Mientras más rápido puedas comprender tu dilema, ya sea porque se te diga, por haberlo leído, por haber sido confrontado, por experiencia directa, o por lo que sea, más rápido podrás superarlo y pasar el aprendizaje, el entrenamiento y la experiencia a la siguiente persona. Entonces, se produce un cambio inmediato que es el fluir de energía ascendente.

Los dilemas que te creas se pueden cambiar, pueden ser comprendidos y disueltos. Pero tienes que estar eternamente vigilante y alerta: no te sientas a contemplar como una roca te va a caer en la cabeza. Tienes que ser lo suficientemente inteligente como para ver la roca, moverte y salirte de su trayecto mientras va cayendo y evitarte así el dilema de: "¿Qué hago con una pierna rota?". Algunas personas cuentan con que la roca caiga sobre ellos y sus expectativas crean la situación: la roca cae sobre ellos y entonces preguntan: "¿Por qué a mí?". ¿Por qué no? Ellos la pusieron allí, la programaron, la crearon y la atrajeron, y les quebró la pierna. Ese dilema está completo, a menos que lo re-creen y permitan que una roca caiga sobre la otra pierna. Los esquiadores y los conductores que son propensos a tener accidentes, tienen un dilema similar que es crear accidentes por la expectativa de que ellos vayan a suceder. Ya sea se trate de estrellar el carro, caerse al esquiar, botar vasos de agua, tropezar, o lo que sea, es el mismo dilema de fondo. Está escondido y tapado por capas, y a veces es tan profundo que la única manera de llegar a él es a través de una terapia psicoanalítica.

Pero antes de someterte a una psicoterapia, tienes que atravesar el dilema que te impide ir al psiquiatra. La mayoría de los dilemas de la gente están tan poderosamente arraigados que dirán: "Un psiquiatra no puede ayudarme. Esos tipos necesitan ayuda ellos mismos. ¿De qué sirven los psicólogos y los psiquiatras? ¿Cómo van a descubrir lo que está pasando dentro de mí, si ni yo mismo me conozco?". Los psicólogos y los psiquiatras te pueden ayudar, simplemente porque no son parte de tu dilema.

Tal vez vayas al psiquiatra, veas el dilema él mismo tiene y pienses: "¡Vamos! Él que debería tenderse en su diván es él". Si has ido a verlo para criticarlo y juzgarlo, estás perdido. El psiquiatra puede ver tu dilema y decir: "El origen está en la niñez". Entonces, comienza el proceso de taladrar los viejos bloqueos y dilemas. Y puede ser tan doloroso que te dan ganas de salir corriendo y decirle al psiquiatra una cuantas palabrotas. Él se sienta allí, sabiendo que el miedo, las pataletas y las maldiciones son parte de la manifestación del dilema. Dice: "Yo sé que esto le sucede a las personas que me consultan porque soy su último recurso". A medida que continúa desatando bloqueos de la conciencia, puede que llegue al meollo y resuelva el dilema. Pero si no tienes algo que te apoye en el cambio, como una filosofía religiosa o un estilo de vida, tu dilema surgirá nuevamente.

En el psicoanálisis, el progreso y la regresión al tratar con los dilemas suele seguir un patrón característico. El primer año, realmente te va muy bien, progresas mucho al romper bloqueos y disolver dilemas. El segundo año, te va aún mejor, las cosas realmente se aclaran. Al tercer año, dado que no has cambiado tus patrones de vida, tu medioambiente, tu filosofía o tu manera de ver las cosas, el dilema asume el poder de nuevo. Y cuando el psiquiatra comienza a volver sobre esa área para liberarla, opones gran resistencia y dices: "¡Qué desperdicio! Tres años de psicoanálisis y no estoy ni un poquito mejor". El dilema reaparece más fuerte que nunca y tú rechazas toda ayuda futura, incluso la de Dios. Y ése sí que es un problema muy, pero muy serio.

Cuando entiendas el dilema del corazón, cámbialo, disuélvelo, aclátalo y, a continuación, reevalúa y reconstruye una base nueva sobre la cual las cosas vuelvan a nacer puras. Es cierto que un nuevo dilema, o uno parecido, pueden surgir casi inmediatamente, pero tú habrás aprendido el proceso de confrontarlo, disolverlo y aclararlo y puedes aplicarlo en todo momento con cualquier dilema nuevo que surja. Constantemente, estás en una actitud de reevaluar y reconstruir. Reconoces que tu fuerza radica en la conciencia espiritual, en la forma espiritual que no puede ser percibida con los sentidos físicos, y poco a poco vas acercándote a eso. Colocas tus deseos y tu dirección ahí, y de esa manera alcanzas la libertad sobre los dilemas.

Superando Dilemas

Aquello que llamamos la conciencia humana, está en un estado permanente de cambio y, por así decirlo, de decadencia y de renacimiento. A medida que la conciencia asciende más y más, dejas atrás los viejos patrones familiares: los dejas ir y avanzas tenazmente hacia nuevas áreas. Si no sabes hacia dónde vas, esta experiencia puede ser atemorizante y difícil de manejar. Vamos a crear una analogía: supón que vas en un auto con algunos conocidos y no sabes adónde te llevan. Puedes inquietarte, preocuparte o atemorizarte. Si llegan a un lugar baldío, tal vez temas de que te vayan a herir o a hacer daño de alguna manera. Podrías pensar que te van a dejar tirado allí, o tener miedo de que te maten. Si alguno de tus acompañantes te pregunta por qué estás creando miedos de ese tipo, podrías contestar: "Tengo buenas razones para hacerlo; vi la misma situación en una película una vez". Tu acompañante podría replicar: "No hay de qué preocuparse. Quédate tranquilo y cuando lleguemos al final, tú mismo lo descubrirás". Podrías decir "¡No, no puedo quedarme tranquilo! Tengo que saber qué va a pasar". Y tu dilema de "tener que saber" se perpetuará e impedirá que experimentes cada uno de los momentos. Creas tus dilemas cuando tienes expectativas respecto a la gente o a las situaciones, cuando tienes opiniones de lo que debería o no debería suceder contigo y con otros.

Un hombre puede volverse alcohólico porque no puede cumplir con las expectativas de sus padres, su esposa, las propias, o lo que él imagina que son esas expectativas. Es posible que beba porque no sucedió lo que él pensó que debería suceder. Hay muchas razones y la mayoría de ellas se originan en el área de las falsas expectativas. Tal vez beba porque siente que no es reconocido o apreciado como debiera. El dilema no es la bebida. La bebida le da a la persona la sensación de escaparse del dilema. La causa que lo lleva a beber es el dilema de fondo.

Parte del dilema de los pistoleros del Viejo Oeste consistía en que, mediante sus acciones, creaban una expectativa en otras personas de cómo se comportarían ellos, y luego esa expectativa se les devolvía y se perpetuaba. Cuando llegaban a un pueblo nuevo, no sabían si los iban a aceptar y al no saber cómo serían recibidos, entraban disparando. El mensaje de sus acciones producía un dilema más grande al generar expectativas de mayor violencia. Lo que los pistoleros querían realmente era ser alguaciles y aniquilar a todos los malos pero, en cambio, se convertían en los malos tratando de aniquilar al alguacil. Lo pasaban mal: siempre huyendo, siempre sufriendo, siempre buscando escaparse de la ley. Sin embargo, la familiaridad del pasado cabalgaba a su lado, atormentándolos. Cuando llegaban en sus caballos a un pueblo, el patrón familiar implicaba robar el banco, violar a las mujeres, matar al alguacil y salir huyendo.

Hay un dilema interesante que se crea en situaciones de guerra. Es el dilema de permitir que otra persona tome las decisiones por ti, esperando que obedezcas, sea lo que sea. Hay incidentes documentados y publicitados en donde un hombre cumple las órdenes de su comandante y luego es llevado a corte marcial por esa acción. Habiendo creado la idea del obedecimiento ciego, las "autoridades" de pronto esperan que alguien desobedezca una orden si considera que es mala. Los dos puntos de vista son opuestos. La nueva conciencia de la gente tal vez diga: "No. Debemos terminar con este dilema y cuestionar toda orden para ver si es correcta o está equivocada, para liberarnos del dilema y avanzar en esa dirección". Entonces, el dilema de obedecer ciegamente puede atenuarse. Pero otros, quienes ya poseen el dilema, pueden ser llevados a juicio por cometer alguna atrocidad que antes hubiera sido considerada simplemente como un "acto de guerra".

Y es incluso más interesante aún que muchas personas que tienen el dilema de la obediencia ciega, cuando regresan a casa después de la guerra, trabajen en el gobierno local, estatal o nacional, y sigan cargando el mismo dilema: hacen lo que se les dice, sea lo que sea. El dilema se perpetúa en forma de reglamento versus auto-disciplina de saber qué hacer, de saber qué eleva, y obedecer el criterio propio para ser libres en la dirección que se tome y dentro de la propia conciencia.

Incluso, después de que la conciencia ha reconocido e identificado algún dilema, puede ser difícil superarlo. Puede que el área más difícil de trabajar para superar un dilema sea el nivel de la memoria celular, porque un dilema que se ha vuelto parte de la memoria celular, puede tardar entre siete y once años en cambiar, si no "reincides" o titubeas durante ese lapso. Tan pronto como vacilas, comienzas a sumarle tiempo.

Una manera de romper un hábito es repitiendo un patrón nuevo treinta y dos veces seguidas, sin fallar. Si fallas, debes comenzar de cero, pero esta vez es necesario repetir el nuevo patrón más de treinta y dos veces, tal vez cuarenta y siete. La cosa se pone difícil. En algún punto, habrás fallado tanto que dirás: "¿De todas maneras qué importa? No puedo hacerlo". Así que te rindes y abandonas el asunto. ¡Y el dilema se resuelve! Al dejar de poner energía y preocupación en él, el dilema se desploma.

Si un dilema tiene fuerza, puede transferirse simplemente a otra área. Dejas un trabajo por otro y eso te hace sentir realmente bien. Pero puede ser un entusiasmo artificial, porque el nuevo trabajo es simplemente más de lo mismo: más juegos, más ilusiones, más palabras. Te estás alimentando de los mismos temas viejos y te los tragas pensando que son nuevos. Te los comes lo más rápido que puedas para hacerlos aún más familiares, y ése es tu dilema.

Los dilemas son parte del poder negativo del planeta. Son parte del maya del planeta. Realmente no necesitamos más glamour, ilusiones y karma; con el maya general del planeta ya es suficiente. Pero el hombre ha corrompido los niveles inferiores al poner en marcha el glamour, las ilusiones y el karma personal creado por él mismo y los fusionó como una sola cosa, por lo cual la contaminación no está solamente en el ambiente físico, sino que dentro del cuerpo físico, de las emociones, de la mente, del inconsciente y de la psico-espiritualidad. Sin embargo, la contaminación no está en el Alma. El Alma es pura, siempre lo ha sido y siempre lo será. La contaminación ocurre dentro de los otros niveles, y es dentro de los niveles inferiores de conciencia que ocurren los dilemas.

Cuando logras que la visión de libertad se convierta en tu meta, puedes realmente comenzar a abrirte camino a través de tus dilemas. Mientras no sepas hacia dónde vas, puedes resolver el asunto inmediato que te causa dolor, pero sin resolver el dilema que lo genera. Tan pronto rompes el dilema de fondo, todos los demás comienzan a derrumbarse. Aun cuando vayan a producirse un montón de dilemas más, será fácil manejarlos una vez que el primero y más grande esté totalmente destruido. En realidad, todo lo que tienes que hacer es irlos manejando de a uno según vayan llegando a tu conciencia. Si tratas de resolverlos a la rápida, puedes crear más dilemas. No vayas a su encuentro. Sólo déjalos que surjan naturalmente, si es que lo hacen.

Nunca se te da nada que no puedas manejar: es un dictamen espiritual. En cuanto se te presenta un nuevo dilema, cuentas con la fuerza para manejarlo. La pérdida no existe. Cuando tienes más fuerza de la que puedes utilizar, surge el dilema de qué hacer con tu fuerza, tus talentos y tus capacidades. Entonces, te amenaza el dilema de la frustración. **Puedes manejar todas las situaciones y superar todos tus dilemas yendo a tu centro y extrayendo una fuerza universal.** Tan pronto sales a tu periferia, pierdes conciencia de ese centro y de esa fuerza. Te invaden la confusión y la inseguridad y preguntas: "¿Qué debo hacer?". Consideras que tal vez deberías hacer esto o mejor aquello, y allí comienza el dilema. Pero no es necesario. Aférrate a tu centro, mantente allí. Utiliza todo lo que te suceda como gracia y de esa forma acumularás fuerza.

Te estarás elevando en tanto mantengas tu conciencia centrada, libre de expectativas y opiniones sobre lo que debería o no debería suceder, y permitas que tus experiencias fluyan hacia ti. En ese punto, no importa con quién estés ni dónde estés, porque estarás avanzando por tu sendero.

# Ir Más Allá de los Dilemas

La falta de familiaridad frente a una situación nueva puede crear un dilema. Imagínate a un cavernícola en una cocina moderna. Tiene mucha, pero mucha sed, de modo que conseguir agua es un asunto de vida o muerte. En la cocina hay un fregadero que tiene llaves de agua que le darían agua corriente pura, si él supiera cómo abrirlas. Pero el cavernícola no las conoce. El sólo sabe que está ante una situación desconocida y extraña, muriendo de sed y que debe conseguir agua.

Un hombre moderno que quisiera ayudar al cavernícola se siente indefenso en medio de la abundancia, porque el cavernícola en su miedo, no lo deja entrar a la cocina. Cada vez que el hombre trata de entrar, el cavernícola coge su garrote y lo golpea hasta alejarlo. El hombre no quiere quitarle el garrote al cavernícola, sólo quiere ayudarle. Así que sale y se viste como cavernícola y regresa a la cocina y gruñe y gime, haciendo ruidos conocidos para que el cavernícola se sienta en un ambiente familiar y un poco más seguro. Entonces, lentamente se dirige hacia el fregadero y las llaves, hacia eso que es tan poco familiar para el cavernícola. No sería raro que el cavernícola lo golpeara en la cabeza hasta matarlo, dado que él no está siguiendo el patrón de conducta que el cavernícola considera apropiado. Después de todo, el cavernícola razona que todos los cavernícolas deberían estar muy asustados en esta situación nueva y que deberían actuar de una manera determinada.

Si alguien actúa de otra manera, ese alguien es peligroso y debe morir. Éste es un dilema antiguo que el hombre perpetúa constantemente contra sí mismo, tanto a nivel individual como colectivo. Estarías ciertamente más adelantado, si pudieras mantener tu conciencia abierta, fluyendo y consciente de todas las posibilidades y potencialidades, sin caer en la trampa de pensar que tu forma es la única forma de hacer las cosas.

Supón que, tratando de sentirse seguro, el cavernícola encuentra un recipiente de doscientos cincuenta litros de agua y sabe que racionando el agua puede subsistir cuatro o cinco meses. Se siente seguro y a salvo. Pero cuatro o cinco meses se pasan rápido y la reserva de agua se convierte en una solución más bien pasajera. Cuando más seguro se sintió fue cuando el recipiente estaba lleno pero éste luego comenzó a bajar. ¿Qué hace cuando el agua comienza a bajar? Probablemente comience a buscar más agua, a buscar otra reserva de agua. Es esa búsqueda repetida lo que puede convertirse en frustración.

En algún punto, todos reconocemos que sale agua de la llave del fregadero y que lo único que tenemos que hacer es abrirla; comprendemos que el agua está enteramente presente en cualquier momento y que no tenemos que salir a buscarla. Pero algunas personas llenarán el recipiente de doscientos cincuenta litros de todas maneras y lo llevarán a cuestas, sencillamente porque es la forma familiar y segura de hacerlo. Después de muchos años de mirar a otras personas sacar agua de la llave, es probable que reconozcan que esa otra manera parece funcionar bastante bien para un montón de gente, así que bajan su carga y van a sacar agua de la llave, descubriendo que efectivamente funciona bastante bien. Entonces, sienten que se han sacado un gran peso de encima y experimentan una inmensa sensación de libertad.

Se cuenta la historia de un hombre que había estado en el desierto sin agua por muchos días y comenzaba a desesperar cuando vio un oasis a la distancia. Caminó hacia él durante muchas horas. Al irse acercando, algunos hombres que venían en sentido contrario se acercaron a él. Le dio miedo de que fueran a robarle "su" agua y se dispuso a pelear con ellos. Al aproximarse, le ofrecieron agua de los recipientes que cargaban. Él los acusó de falsos y de mentirosos y de tratar de llegar antes que él al oasis para arrebatarle "su" agua. Ellos nuevamente trataron de explicarle que sólo querían darle agua, pero al acercarse, él comenzó a atacarlos. Finalmente, lo persuadieron de darse vuelta hacia "su" oasis y le preguntaron: "Dinos, ¿qué estás defendiendo?". Cuando el hombre miró de nuevo, el oasis había desaparecido; había sido un espejismo, una imagen falsa que había estado defendiendo con su vida. A menudo hacemos cosas así. Peleamos y defendemos algo que es falso, algo que es irreal, algo que no es nuestro y nunca lo será.

Los dilemas pueden aparecer en cualquier lugar en que la conciencia humana se identifique con algo que represente una imagen falsa. Supón que una chica va al cine y ve una escena de un encuentro romántico. Si ella no mantiene su conciencia neutral en su papel de observadora, puede terminar involucrada en el nivel expresado por la película. Entonces, saldrá del cine y querrá experimentar un encuentro romántico. Pero tal vez su estilo de vida en ese momento no le permita esa posibilidad o probabilidad. Así que, puede que ella súbitamente acceda a áreas de conciencia y expresión a las que no está acostumbrada.

Al identificarse con el guión de la película, ella ha creado un dilema de deseo en su interior que tratará de satisfacer. Si tiene éxito y encuentra a alguien con quien tener un encuentro romántico, es posible que tampoco se sienta satisfecha ya que, después de todo, se ha identificado con una imagen falsa que es improbable que se pueda alcanzar en la realidad. Y si no encuentra a nadie, es posible que regrese a ver otra película. En cualquiera de los dos casos, está perpetuando su dilema y puede continuar con ese patrón hasta que se dé cuenta de que no es la realidad lo que ella está intentando satisfacer, sino una imagen falsa que alguien creó para beneficiarse. Al tomar conciencia de eso, puede ganar en libertad.

Una persona puede ir al cine y ver una escena de perversión sexual y, de nuevo, en vez de mantenerse como observador, identificarse con la película con tanta fuerza que pierda la conciencia de sí mismo, olvidándose de hacia dónde va y por qué está ahí. Si vas al cine por diversión, por entretenerte, eso está bien, pero si te enredas en la trama de las películas hasta el punto de perder tu propia identidad, puedes marcharte con un dilema.

Supón que el sujeto que observa la escena de perversión es casado y tiene un hijo. La película lo perturba tanto que tiene pesadillas de que su hijo se vea involucrado en esa clase de perversiones. Se descubre pensando en eso durante el día y se horroriza con sólo pensarlo. El "horror" es una carga de energía que se adosa al pensamiento. El hijo podría captar el dilema del padre y tener conciencia internamente de los pensamientos y miedos de su padre y de los patrones de energía que está exteriorizando en torno a él. Es posible que desarrolle un complejo que afectará sus actitudes, su manera de tomar el sexo y su comportamiento sexual.

El dilema del hijo puede manifestarse como ir de chica en chica, y permanece oculto porque no es suyo, aun cuando él sea parte de él. Si pudiera tener una experiencia sexual satisfactoria con una mujer y comprender que hubo muy pocas probabilidades de alguna vez ser corrompido, podría liberarse, el dilema se disolvería y sería feliz. Luego, si su padre comenzara a hablar de nuevo sobre perversión sexual, él preguntaría: "Papá, ¿alguna vez abusaron de ti?", y cuando el padre dijera: "No", el hijo podría decir: "Entonces ¿por qué mejor no te olvidas del asunto?". El hijo podría ser capaz de olvidarlo, pero si el padre ha mantenido estos pensamientos durante muchos años, tal vez al hijo le resulte difícil hacerlo. Ésta es una manera en que la ignorancia —y, si quieres, el pecado— se perpetúa en los niños a través de la conciencia del padre. Es un proceso interesante.

El hecho de que la ignorancia pueda ser perpetuada de esta manera, no significa que debas culpar a tus padres de tus dilemas porque, en su mayoría, los dilemas son auto-creados. A pesar de que sean instigados por otro, eres **tú** quien permite que el dilema tome el control de tu conciencia. Todos los dilemas pueden disolverse mediante la toma de conciencia y la comprensión. No hay nada que pueda atarte, a menos que tú se lo permitas dentro de tu conciencia. Todo el mundo tiene la potencialidad de la libertad dentro de su propia conciencia.

Cuando viajas por el país en auto, estás en un estado de constante cambio. No tienes que desequilibrarte, molestarte o perturbarte porque el escenario cambie. De igual forma, algunas partes de tu patrón de vida estarán siempre en un estado de cambio. Es sólo la manera en que éste ha sido programado. No tienes que perder la estabilidad cuando las cosas cambian para ti.

Cuando viajas a través del país, debes modificar tus respuestas al llegar a un lugar nuevo. Cuando llegas a Colorado, debes usar ropa más gruesa porque hace frío. En los territorios altos, no te bajas y subes la montaña corriendo. Lo haces despacio y te cuidas. Si te acuerdas de lo rápido que podías escalar las montañas a los dieciocho años y tratas de hacer lo mismo a los cuarenta y cinco, tienes un dilema. Éste es el dilema de un montón de "atletas de fin de semana". Recuerdan su capacidad atlética de los dieciocho y tratan de repetirla, pero terminan con problemas físicos. Algunos hombres de edad madura, que fueron buenos atletas cuando jóvenes, tratan de vivir de sus glorias del pasado hablando continuamente de sus hazañas, las que van volviéndose cada vez "más grandes" con el paso del tiempo. Cualquiera de dichos enfoques puede convertirse en un dilema. La mejor actitud es vivir simplemente en el ahora, hacer lo mejor que puedas con tus capacidades y talentos actuales y dejar que tus acciones hablen por sí solas. Eso requiere de entendimiento, requiere de conciencia. También requiere de amor y respeto por uno mismo. Con ello se adquiere libertad, auto estima y una seguridad y serenidad internas que valen cualquier precio. La única solución permanente a cualquier dilema es Dios. Y Dios ya ES.

El progreso espiritual es un proceso continuo de dejar atrás los patrones viejos y familiares y aventurarse hacia lo nuevo. Si trabajas con un maestro espiritual, sentirás que es como hacer un viaje con un buen amigo en quien confías y quien conoce el camino. Entonces, todo el viaje puede convertirse en una **AVENTURA**, porque sabes a dónde vas y cómo llegar allí. No hay dilemas, excepto cuando los creas. Cuando trabajas con el Viajero Místico pregúntate si no estás colocando tu dilema entre tú y el Viajero Místico, y el amor que está presente. Una vez que te sintonizas con el Viajero Místico y su amor, todos los dilemas desaparecen y la fuerza se hace presente.

Cuando comienzas a
explorar el Espíritu
interno que le permite a
cada persona existir como
un individuo especial,
encuentras un cofre
lleno de amor.

Descubre el Amor

Capítulo Tres

Como Viajero Místico, el trabajo que hago rara vez tiene que ver con el plano físico. Pertenece al nivel espiritual. Mucha gente, cuando escuchan cosas espirituales, confunde la cualidad de la vida espiritual con estar "loquito", cuando en términos de la realidad mayor, es la única cosa natural que existe. Cualquier otra cosa podría considerarse como del área de lo "loquito". Las únicas cualidades que perduran son las espirituales. Todas las demás se disuelven y desaparecen.

Cuando comienzas a explorar la conciencia interna, Espíritu interno que le permite a cada persona existir como un individuo especial, encuentras un cofre lleno de amor, entendimiento, fe, esperanza, caridad..., e ilusiones, superstición, chismes, incitación a la guerra y lujuria. Todo esto es parte del cofre de los tesoros. Y todo esto es precioso. ¡Todo! Si extraes un diamante de la tierra y lo miras en bruto, es probable que no sepas que es un diamante. Sin embargo, si se pule y se faceta, sabrás que es un diamante. Pero podrías desechar un diamante como un pedrusco sucio sin ningún valor, siendo que por dentro es muy bello y valioso.

¿Has pensado alguna vez en el valor de los celos? ¿Has considerado alguna vez que esa condición, como la mayor parte de las condiciones negativas, podría ser un diamante en bruto? Los celos dicen: "De verdad que me importas.

¡**Realmente** me importas! Me importas tanto que me pone mal. Me importas tanto que ni siquiera puedo vivir mi propia vida". Cuando llegas a ese estado de participación e involucramiento emocional con otra persona, surgen los celos. Estás tan enredado con la otra persona que ella tiene que vivir a tu manera, o si no tú no puedes soportarlo.

Los celos pueden ser realmente bellos. ¿No te gustaría que Dios bajara y dijera: "Estoy tan celoso de ti y me importas tanto, que te voy a ayudar a vivir de una manera más perfecta que nunca antes"? Puede que prefieras vivir tu vida por ti mismo, de la mejor y más clara manera que puedas. Tal vez digas: "Señor, ¿te importaría dejarme mi vida a mí? No quiero a un Dios celoso. Quiero uno que me deje hacerlo a mi manera". Un Dios celoso podría decir: "¡No! De ninguna manera. Hazlo a mi manera. Y si no, ¡espera a ver lo que te pasa!". Dios no hace eso. Dios te ofrece continuamente claves para descubrir dentro de ti lo que funciona para ti.

No puedes vivir una vida de celos por mucho tiempo, pero puedes usar la condición de los celos para elevarte. Hace muchísimo tiempo atrás, trabajaba yo con un Maestro muy hermoso. Yo no era muy tonto, pero ciertamente no era el más listo de la clase tampoco. Este gran Maestro promovió a otra persona y a algunos de nosotros eso no nos gustó nada. Pensamos que cualquier Maestro digno de su condición sabría que nosotros éramos los "escogidos", o no sería el Maestro. Cualquier Maestro sabría eso, incluso el "tontito" al que seguíamos nosotros.

La verdad es que nosotros estábamos al borde de la clase, fuera de sus límites. De hecho, estábamos listos para perder el barco, preparando nuestro propio viaje de regreso, nuestro propio fracaso. El Maestro nos había hablado de nuestra divinidad, pero ¿cómo podíamos confiar en él? ¡Mira a quién había promovido! Quiero decir, a uno de esos tipos que cumplían con todas las reglas y que lo hacían todo como se debía, pero que no sabían mucho más que nosotros. Les hacíamos preguntas y eran muy amables, pero no nos daban ninguna respuesta. Por eso, nos pusimos muy celosos de su éxito y armamos un escándalo.

¡Dios bendiga a nuestro Maestro! Fue tan listo que usó nuestros celos para hacernos volver a la clase a la cual pertenecíamos. Cuando no teníamos más fanatismo, prejuicios, celos, envidia, odio, e inclusive un poquito de lujuria, nos reunió a todos y nos dijo: "Si quieren el éxito que tienen los otros, ¿por qué no trabajan para obtenerlo?". Nunca habíamos tenido que trabajar para alcanzar una posición. Nunca se nos había ocurrido que esas cosas había que ganárselas. Dábamos por hecho que cuando la clase se graduara, nos graduaríamos también. Descubrimos que estábamos tan ocupados quejándonos y preocupados por cosas tan insignificantes que no lograríamos graduarnos. Habíamos estado allí por un largo tiempo. Había nuevos estudiantes que llegaban y se graduaban, pero nosotros seguíamos allí.

Eventualmente, algo comenzó a despertar adentro. De repente nos dimos cuenta de que habíamos estado allí por mucho tiempo y que todavía no lográbamos captarlo. El Maestro había usado los celos y la envidia para aterrizarnos y para que empezáramos a profundizar. Entonces, comenzamos a entender. Cuando te has retrasado y has arrastrado tu ancla por mucho tiempo, pensando que estás más seguro en el puerto que perdido en el mar, tienes que regresar y experimentarlo todo de nuevo. Así que tuvimos que regresar y ¿adivina quién era el Maestro? Uno de los "tontitos" que había estado en nuestra clase antes. Dijo: "Me acuerdo de ti. Estuve contigo un tiempo atrás. Estás siguiendo la misma rutina de entonces". Algo dentro de mí dijo: "Es cierto. Sé que tienes razón. No conozco los detalles exactos, pero no voy a repetir los mismos errores". El Maestro dijo: "Bueno, la forma de romper con eso es haciendo lo siguiente. Puedes hacerlo a tu manera, pero hazlo. Rompe esos patrones y te liberarás. No será fácil.

Si fuera fácil, ya lo habrías hecho y no estarías aquí de vuelta". Dije: "Está bien, reconozco ser el 'tonto' aquí. Reconozco dónde me encuentro y trabajaré desde esta posición".

A menudo, es con la conciencia de un "sabelotodo" que respondes, sin darte cuenta de que no es necesario saber la respuesta a todas las preguntas. Lo único que es necesario saber es cómo llegar al cuerpo del Alma, atravesar los propios reinos internos, luego, los reinos externos y establecerse en el reino del Alma. Entonces, cuando dejes el cuerpo físico, podrás ir directo a casa. Eso es todo lo que se necesita. El resto es travesura, diversión y juego, y dolor. No me interesa jugar en muchas de esas áreas, así que no lo hago. Por eso te digo que trabajaré contigo a mi manera.

Algunas personas realmente se sorprenden de que yo tenga un método que funcione. Funciona efectivamente y me encanta compartirlo contigo. Pero no lo haré a tu manera. **Tú** hazlo así. Yo encontré la manera que funciona para mí y en tanto me permitas trabajar a mi manera contigo, la modificaré en la conciencia interna para que también funcione para ti. Aquellos que son mis seguidores, aquellos con quienes trabajo, muchas veces ni siquiera están conscientes cuando estoy presente adentro, trabajando con ellos. Rara vez perciben que las cosas están cambiando, a menos que sea necesario que lo sepan, para ganar confianza en sus conciencias. En ese caso, verán un rayo de color violeta o una esfera violeta, o escucharán un "whush", que es muy difícil de pasar por alto. A veces, me escucharán reír en lo más hondo y sabrán de mi presencia.

Cualquiera sea tu forma, hazte un favor y úsala. Sea lo que sea que surja en tu conciencia, maldad, desequilibrio, o como sea que lo llames, úsalo para elevarte. Hazlo parte de lo que funciona para ti. ¿Puedes emplear la depresión para llegar a la conciencia del Alma? ¿Puedes emplear la ira para viajar en el Alma? Sí, usándola para identificar otra manera que no funciona. Es muy sencillo. Al ir identificando y eliminando lo que no funciona, te acercas más y más a lo que **sí** funciona.

La gente me pregunta si me deprimo. No me deprimo, pero conozco ese sentimiento. Lo veo como algo que ocasionalmente uno se pone como un traje, pero que puede quitarse y dejarse a un lado cuando ya no se lo necesita. No me identifico como un deprimido. Puedo quitarme una camisa y usar otra. La depresión funciona igual. Puedes ponértela y usarla, y luego te la quitas. Pero si dices que **eres** depresivo, por tu propia ley espiritual, te encierras en eso, así que te deprimes. Si dices: "Estoy pasando por un mal momento", créeme, amigo mío, una de dos: o pasas por un mal momento o seguramente lo estarás haciendo pronto. Tu propia ley espiritual lo instituirá para ti.

La depresión, la sensación de no ser digno y de no ser capaz de manejar tu vida, puede volverse muy familiar. Aunque no te guste, juegas al juego que te lo atraerá porque es un juego familiar. Luego, te mantienes deprimido pensando: "Ahora sé quién soy, no soy nada". Una vocecita dentro de ti te dice que eres **algo**, porque mira cómo eres capaz de criticar. Criticas a la gente a partir de ti mismo, por lo tanto, debes de ser algo. Entonces, ¿por qué luego vas por ahí diciendo que no eres nada? Tu respuesta podría bien ser: "Bueno, sé que soy algo, pero **siento** como si no fuese nada". Eso tiene más sentido. Muchas veces puedes sentirte inadecuado, basado en una situación determinada. Pero realmente no es necesario permitir que ese sentimiento controle tu vida.

Si por casualidad estuvieras en una tierra extraña, donde los nativos —que todavía pelean con lanzas y flechas— vinieran hacia ti y tuvieras una alfombra mágica que pudiera sacarte de allí instantáneamente, ¿qué harías? Apuesto a que saldrías de allí **¡rápidamente!** Dudo que dijeras: "Alfombra mágica, ¿podrías por favor elevarme en el aire?". Pienso que más bien tendrías la alfombra programada con una palabra:

"ARRIBA". Sin embargo, las personas caen en "depresiones" y no dicen jamás "arriba". Se quedan parados y dejan que los nativos les "tiren lanzas". Luego, dicen: "¿No es fantástico cómo estoy manejando esto?".

Si no te sientes preparado para manejar algo, díselo a la gente. Diles: "Simplemente no puedo manejar esto". Es tan real y tan sencillo. Si tienes problemas para imaginarte cómo funciona eso, piensa que tienes una uña encarnada y alguien se para sobre tu pie. Estoy seguro de que dirías: "¡OYE, QUITATE DE MI PIE! ¡ME DUELE!". Entonces, la persona se quita y dice: "¡Lo siento! No me di cuenta. Cuídate, por favor". Cuando le confiesas honestamente a la gente que no estás preparado para manejar lo que ellos están dejando caer sobre ti, empiezan a cooperar contigo y, a menudo, lo hacen con sincera preocupación.

Cuando ves a una persona malherida, por lo general, ansías ayudarla. Si es necesario, la subes al auto y la llevas al hospital, y te arriesgas a que te pongan multas por exceso de velocidad. Si la gente se interpone en tu camino, los haces a un lado y dices: "Quítate de mi camino. Tengo que llevar a esta persona a que le ayuden. No me preocupo por mí. Regáñame más tarde. Ahora estoy ayudando a esta persona". Lo haces y cuando todo termina, estás tan fatigado que podrías llorar. Pero dentro de ti hay un sentimiento que dice: "Bien hecho". Suspiras hondo: "Dios mío, me siento bien. Estoy rendido así que me voy a ir a casa a dormir", y lo haces. A veces, incluso sueñas con la situación porque todavía estás involucrado en ella. Otras, simplemente caes en un sueño muy profundo y te despiertas sintiéndote muy bien porque se te dio la oportunidad de ayudar a un portador de la Luz y lo hiciste. Corriste y ayudaste a una persona que era incapaz de ayudarse a sí misma. Sin embargo, en una situación como esa, la respuesta debe estar proporcionada a la situación. Si alguien se corta un poco el dedo y tu corres y lo llevas a la sala de emergencia de un hospital, probablemente no sea una respuesta apropiada; tal vez sólo una curita habría bastado.

Cuando sientes que no eres capaz de manejar una situación, a menudo se debe a que tienes miedo de intentarlo. Y cuando tienes miedo de intentarlo, muchas veces es porque tienes miedo de cometer un error. Haz un intento con lo que parece ser la acción correcta y ve qué pasa. Ve qué sientes adentro. Coloca la Luz allí. Si sientes resistencia, déjalo ir. Si parece fluir, fluye con eso, pero no con lo que creas que **debería** suceder, a menos que concuerde con lo que está sucediendo. Abandona la conciencia de los errores y asume la conciencia de la experiencia.

Dar y Recibir

La vida es una experiencia continua. ¿Alguna vez has hecho algo realmente correcto y en el proceso te has equivocado? Claro, entonces te apuras y corriges el error para que nadie se entere. Eso está bien. Muchos años atrás, visité a una amiga muy querida mía, una mujer mayor, y le pedí que me hiciera pan amasado. Ella me preparó el pan y cuando estuvo listo, lo corté, le puse mantequilla, probé un poquito y ¡por Dios que sabía horrible! Ella se había olvidado de la sal. ¿Alguna vez has probado pan sin sal? Bueno, pero como ella era ingeniosa, le añadió la sal en ese momento. ¡Le puso sal al pan! No dejó que su "error" la detuviera.

Me quedé uno o dos días más, así que la señora decidió hacerme pan nuevamente. Fui a la cocina y le pregunté "¿Le pusiste sal?", y ella contestó: "Si". Quise saber: "¿Qué más le pusiste al pan?", y ella dijo que acababa de ponerle el último ingrediente y que pronto estaría listo. Bueno, el pan resultó perfecto. Cuando nos sentamos a comer dijo: "¡Dios mío! Ojalá haya quedado bien porque casi se me olvida ponerle la levadura. Se me había olvidado hasta que viniste a la cocina. La agregue a última hora y nunca lo había hecho así, así que tal vez no esté bueno". Esta vez ella tomaba la actitud de haber "cometido un error" y no estaba siendo caritativa consigo misma. Desde mi perspectiva, el pan estaba perfecto. Finalmente dije: "¿Quieres callarte y dejarme decidir a mí si el pan está bueno o no? Si no lo está, te lo haré saber. ¡Y si es necesario, le espolvorearemos un poco de levadura!".

La caridad realmente comienza por casa. Veo la caridad como ese proceso de cuidar de ti mismo para que no te transformes en una carga para tu familia, y que la familia se cuide a sí misma para que no se convierta en una carga para la sociedad. Caridad es que hagas tu trabajo tan bien que la gente a tu alrededor no tenga que ir tras de ti rehaciendo lo que tú hiciste. Caridad es manejar tus niveles de acuerdos y responsabilidades tan bien que la gente diga: "Me alegra que estés aquí. Me alegra que seas parte de mi vida".

Hay dos acciones que son parte de la caridad: una interna y una externa. La acción interna es de equilibrio y de amor fluyendo adentro. Es muy difícil dar cuando estás en un estado de remordimiento, resentimiento o ira. La única manera en la que puedes dar realmente es viviendo en un estado de dicha, creatividad y abundancia interna. Ese estado sólo se alcanza cuando ejercitas tus dones espirituales, tus regalos de amor. Cuando inhalas ese amor divino, sientes las corrientes de Dios dentro de tu propio ser, y sientes el gozo y la alegría del Alma. En ese momento, probablemente podrías ser desplumado por el estafador más simplón del mundo y amarlo. Cuando te centras en el amor divino, no hay manera de ser despojado de tu alegría. Y cuando tienes alegría, puedes darla. Ésa es la acción externa de la caridad. Cuando puedes dar alegría, puedes recibir alegría de nuevo. Es un ciclo maravilloso.

Caridad es el proceso de dar, tanto como de recibir. ¿Qué sentido tiene dar un regalo si no puede ser recibido? El que los otros lo reciban es corresponder la caridad. La conciencia de caridad nunca ha funcionado en una sola dirección. Para completar la acción, se requiere de ambos: del que da y del que recibe. Cuando le retribuyes al que da (aceptando el regalo) eso hace que ambos se sientan bien.

A algunas personas les cuesta recibir. A menudo, recibir regalos de la gente sin avergonzarlos o abochornarlos requiere de mucha bondad y tacto. Años atrás, cuando la gente me daba cosas, yo decía: "No, gracias". Pensaba que estaba siendo "espiritual" al rehusarme a recibir algo de ellos, dando únicamente mi alegría y mi amor. Pero cuando trataba de darles amor, no había espacio para recibirlo porque ellos se sentían rechazados. Experimentaban una forma de resentimiento porque yo no les había permitido darme. Sentían casi como si no fueran suficientemente dignos de darme. Eso nunca había pasado por mi conciencia, pero así era como lo percibían. Al rehusar sus regalos, se cerraban al fluir y no podían recibir lo que yo quería darles. Ahora, acepto todos los regalos y recibo con el corazón abierto. El fluir se da y para mí no sólo es fácil devolverles amor sino que también para ellos es fácil recibir mi amor, porque se sienten bien con respecto a la acción en su totalidad. Está equilibrada. Así, se convierte en una experiencia mucho más profunda que simplemente dar y recibir. Se vuelve un **compartir**, una forma de intimidad que es expresión de una unidad amorosa.

Cuando das tus talentos, tu alegría, tus regalos espirituales y tu creatividad, la gente que viene detrás de ti (a quienes tal vez ni siquiera conozcas), es capaz de participar en las bendiciones espirituales que tú entregas. Hablamos del Espíritu y de las leyes espirituales de aceptación, cooperación, entendimiento y entusiasmo. Pero, ¿qué valor tiene todo esto si la caridad no está presente? Caridad es la tónica que nos permite funcionar en este lugar. ¿Sabes que primero tienes que aceptarte a ti mismo antes de que puedas aceptar a otros? Y primero tienes que cooperar contigo mismo antes de que puedas cooperar con otros. Así que también tienes que tener caridad contigo mismo primero antes de que puedas demostrársela a otros.

Ve la energía creativa dentro de ti. Es el Espíritu de Dios adentro. Es el impulso primordial de la energía espiritual y su forma es en sí misma. Es esa esencia del Espíritu de Dios, del amor que está adentro, es eso que activa todas las otras formas. Miras más allá de las muchas y muchas ilusiones en los mundos inferiores. Ves más allá de las ilusiones de las formas físicas, de las emociones, de la mente y de los niveles subconscientes. Tienes caridad hacia todos esos niveles y, sin embargo, eres capaz de ver más allá de ellos. No andas diciendo por ahí: "¡No te soporto! Sal de mi vista". Comprendes que en el sendero que ellos recorren, pueden apreciar tu comprensión y necesitar de tu amor.

A veces, parece fácil dar amor en un sentido amplio, por ejemplo, a un grupo grande. Puede que sea más difícil compartir amor en una relación de uno-a-uno con tu pareja, tu jefe o tus hijos. Pronto, surgen los juicios y las dudas: "¿Doy amor o demuestro enemistad y resentimiento? ¿Estoy demasiado cansado como para seguir poniendo energía en esta relación? ¿Por qué no me ama mejor?". El amor tiene poco valor si no expresas caridad. Debes dar, dar y dar. Y luego, dar un poco más. Por lo general, dar no es parte de la naturaleza del hombre, pero lo es de los seres **HU-manos**, de los hombres-Dioses. La naturaleza del hombre espiritual es dar.

En el proceso de la caridad, deja que tu propio amor sea tu guía. Deja que la Luz guía de tu propio corazón te muestre el camino. Tu mente no es capaz de hacerlo. Tus emociones no son capaces de hacerlo. Tu cuerpo no es capaz de hacerlo. No encontrarás la caridad como la esencia de la mente, las emociones o el cuerpo. La caridad proviene del Espíritu. Puedes dar del Espíritu de muchas maneras. Puedes rascarle la espada a alguien, darle un masaje, lavar los platos, o tomarte un día libre para pasarlo con los niños. Cualquier cosa que des, hazlo libremente, sin esperar nada a cambio. Da al cien por ciento, de modo que si alguien no te da de vuelta, habrás dado suficiente por ambos. Entonces, estará completo. Eso es lo que hace que funcione.

El concepto de la caridad no prescinde de la responsabilidad que tienes de cuidarte. Si no te cuidas, pronto no tendrás ninguna reserva que te permita dar. Hace muchos años, escuché a una señora decir: "¡Ah! Si yo pudiera asumir los dolores y molestias de mi familia, gustosa lo haría". Yo le pregunté: "¿Por qué?", y me contestó: "Porque los amo mucho". Pregunté otra vez: "¿Qué vas a hacer con todos esos dolores y molestias? Ellos mismos pueden manejar lo que tienen, pero si tú te haces cargo del dolor de los siete, ¿quién crees que va a caer al hospital? ¿Quién va a cuidar a los niños mientras tu esposo trabaja? ¿Y quién va a estar preocupado todo el tiempo mientras trata de trabajar?". Ella se dio cuenta de que podía expresar el amor más grande por su familia, permitiéndoles experimentar las cosas que tenían que experimentar y manteniéndose equilibrada y amorosa. De esa manera podría apoyarlos cuando fuese necesario.

Debes cuidarte tú, y tal vez sea necesario que dejes a los demás tener la experiencia de su dolor y de sus tensiones, de modo que entiendan de qué se trata y estén preparados para cosas más importantes que pueden venir más adelante. Tienen que aprender a manejar las dificultades y descubrir sus propias soluciones a sus dificultades. Todos crecen en ese proceso. Hacerse cargo de las cosas de otros, es negarles su propia conciencia de Dios. No te preocupes, ellos encontrarán la solución. Descubrirán su propio sendero. Si les señalas el camino hacia la Luz, encontrarán su propio camino. Hay un viejo refrán que dice: "Si le das pescado a un hombre, lo alimentas un día. Si le enseñas a pescar, lo alimentas por toda la vida". Si le enseñas a la gente a pescar, se alimentarán solos. Serán libres y tú también. En libertad, el amor puede ser perfecto. Descubre dónde puedes apoyar, más que dónde puedes interferir. Apoyar es una forma muy bella de amar.

Hay algo trascendental en el proceso de dar amor. Es tu ser verdadero el que habla cuando estás amando. La caridad refleja el amor que es la esencia auténtica a la base de toda creación. No hay lugar donde no sea así. Su verdadera forma es dar y no pide nada a cambio. Dios nunca se ha acercado a ti para decirte: "Dame eso". Pero Dios dispuso ejemplos y pautas que llamamos disciplina: la disciplina que te lleva a adquirir mayor fuerza y te hace libre.

_____ **Dar y Recibir**

La caridad es multidimensional. La forma externa de la caridad es bien simple: sencillamente expresas tu dicha. La expresión externa puede salir de la mente como buenos pensamientos, de las emociones como felicidad, o del nivel físico como apoyo financiero o buena salud. Para expresarla externamente, es posible que necesites ejercitar tu creatividad. Darle al corazón de otros sin abusar de ellos o hacerlos sentirse menos que la forma de amor espiritual que son, exige de una gran sensibilidad y delicadeza.

Muchas veces, la gente siente que le falta algo en un montón de áreas del diario vivir. Pueden decir: "Si sólo tuviera otro litro de gasolina", o: "Si sólo tuviera un millón de dólares". Bien, la caridad es algo distinto para gente distinta. Las necesidades de la gente son diferentes y sus expresiones son diferentes. Cuando alguien comparte contigo o te da justo lo que necesitas en ese momento, sientes cómo el amor y el agradecimiento fluyen a través de ti. Y sueles querer hacer algo para retribuirles. Si no te es posible devolverle la bendición a quien te la dio, dásela a otro. Otra forma de caridad puede ser la acción de compartir con alguien lo que te ha sido dado a ti.

Caridad puede ser darle algo a un extraño, sólo porque la persona lo pide. Si alguien te pide para el pasaje de autobús, puedes ayudar no preguntando cuánto es, sino dando más que suficiente y diciendo simplemente: "Que Dios te bendiga". Ambos se sentirán bien. Cuando permites que el amor fluya libremente y se exprese a través de ti como caridad hacia ti mismo y hacia los demás, te acercas más y más a esa esencia pura del Espíritu dentro de ti. Cuando preparas al planeta para tus hijos, para los hijos de tus hijos, e incluso para aquellos que estarán aquí dentro de trescientos o cuatrocientos años, estás ejercitando una forma de caridad que es aún más grande.

La caridad no puede ser nunca otra cosa que no sea dar porque sólo existe Dios y Dios se da sólo a Sí Mismo. Cuando accedes a la conciencia del Viajero Místico, comienzas a ver esa esencia en todo ser que encuentras. Aunque se manifiesta de diferentes maneras para cada uno, percibes esa unidad que sostiene las muchas diferencias. Esa unidad es caridad, es amor, es la esencia de Dios. Es tu propio ser verdadero. Y el día que despiertes a esa realización del ser, será uno de los días más felices que hayas vivido.

Todo se reduce a las preguntas: "¿Quién eres tú dentro de ti mismo y con quién te estás relacionando dentro de la otra persona?". Si te relacionas con la misma fuerza de energía que está dentro de ti, aquella llamada Dios, encontrarás tan fácil compartir y entregar amor, pero no el amor personal o el amor celoso que dice: "Hazlo a mi manera o vas a ver...", sino el amor espiritual que dice: "Te amo, hagas lo que hagas".

 # Amar con Discernimiento

A menudo, mantenemos en reserva aquellas cosas que más valoramos. Podemos hacer esto con la cualidad que identificamos incorrectamente como amor. Decimos: "Tú me amas, así que yo te voy a amar". La otra persona dice: "Tú me amas, así que yo te voy a amar". Es un empate. Luego, dices: "Bueno, te voy a amar un poquito más y veré cómo correspondes mi amor". Cuando haces eso, sea el amor correspondido o no, terminas sintiéndote como que no recibes lo suficiente. Piensas que das demasiado, pero te quedas igualmente corto tanto en el dar como en el recibir. Entonces, piensas que es injusto. En realidad, sólo puedes recibir lo que eres capaz de dar.

En este punto es importante que entiendas que debes seguir adelante, independientemente de tu actitud. Tienes al menos dos alternativas de actitud: puedes seguir adelante llorando, o puedes hacerlo riendo. Si tienes la alternativa (y la tienes), ¿por qué no mejor seguir adelante riendo? Es más divertido. El Espíritu es alegre. La naturaleza del Alma es alegre. La personalidad no siempre está alegre, pero eso es parte de las ilusiones del nivel físico.

Pones a prueba a la gente, lo haces todo el tiempo. Los esposos ponen a prueba a las esposas, las esposas ponen a prueba a los esposos. Los niños ponen a prueba a los padres y viceversa. Con frecuencia, la preguntas es: "¿Me amas o no?". Ése suele ser el resultado final, aunque podría tomar una forma diferente, como en la siguiente conversación:

—Te amo.
—¿Entonces por qué hiciste algo tan terrible?
—Porque no te amo a **tu** manera. Te amo a **mi** manera.
—Pues bien, tu manera no es muy buena.
—Te amaré a tu manera si me muestras cómo.
—No estoy muy seguro de saberlo…

El hecho es que solemos no saber si queremos dar amor. Así que, a menudo, damos sólo un poquito por vez. Se llama "cortejar". Cortejamos a la gente de muchas maneras, a veces la cortejamos por amor, a veces por un trabajo, a veces por una oportunidad. Pero una vez que conseguimos lo que queremos, tendemos a olvidarnos del acto de cortejar y ése es el gran error. Por ejemplo, después de estar casados, algunas parejas olvidan cortejarse mutuamente. Pero es el proceso de cortejar lo que te llevó a tu meta —tu esposa, el ascenso, ese trabajo— y es el proceso de cortejar lo que te va a mantener en eso. Es un proceso galante de estar atento, de cuidar y de dar, lo que te ayudará a alcanzar un éxito espiritual más grande.

El amor puede ser expresado de muchas maneras. Un esposo llega a casa y le pregunta a su esposa: "¿Me amas?", y la esposa contesta: "Hice tu comida". Al rato, ella le pregunta a él: "¿Me amas?", y él le dice: "Te di mi salario". Todas esas son formas de amar. ¿Te acuerdas de la película 'El Violinista en el Tejado'? El esposo le pregunta a su mujer: "¿Me amas?", y ella contesta algo así como: "Me imagino que sí. Después de veinte años, es probable que sí. No hay nadie más por aquí, así que debes ser tú a quien amo". Ésa es una expresión de amor, pero no la mejor manera de construir verdaderamente una conciencia de amor y de Luz. Es importante ser capaz de decirle a tus seres amados que los amas y es importante demostrar ese amor a través de la acción.

Cuando hablamos de amor desde un punto de vista científico, hablamos de una posición relativa entre objetos que se mantienen unidos por la interacción que tienen entre sí. Pero cuando miramos más de cerca dicho proceso, descubrimos que hay una atracción y una repulsión inherentes al proceso. Aquello que atrae, generalmente lo llamamos amor y aquello que repele, odio. Cuando sentimos odio, estamos fuera de nuestra conciencia de unidad con todas las cosas. Si vivimos demasiado tiempo afuera, nuestra naturaleza se vuelve dañina.

A veces, vemos a alguien haciéndole daño a otros, llamado "tiranía de la debilidad". Por ejemplo, un esposo podría decir: "Estoy enfermo y creo que me voy a morir". Eso asusta a su esposa, quien exclama: "¡Por Dios! ¡No te mueras, no te mueras!". Entonces, él piensa: "Ahora si la tengo de mi lado". La próxima vez, el dirá: "Cariño, estoy realmente enfermo. Creo que me estoy muriendo", y ella contesta: "No te mueras. ¿Qué puedo hacer por ti?". Entonces él le dice: "¿Me ayudarías a lustrar mis zapatos? No puedo agacharme; me duele mucho. Y hazme algo especial de comer". La debilidad puede llegar a ser despótica.

A los niños se les anima desde su más tierna infancia a volverse tiranos por medio de la debilidad. Si van a tener que rendir un examen en la escuela, puede que digan: "Estoy enfermo, mamá. ¿Me puedo quedar en casa?". Ella contesta: "De acuerdo". Luego, justo después de que el examen pasa, dicen: "Me siento mucho mejor ahora. ¿Puedo mirar televisión?", y la mamá contesta: "Bueno, está bien". Ella se lo permite porque su amor es emocional, no es ese amor divino de hacer lo que sea mejor para el niño. Ella no quiere herir al niño y quiere tener la razón, de modo que ella se reprime y deja que el niño se salga con la suya en esto, aun cuando podría no ser lo mejor para el niño. Sin embargo, si eso es lo peor que nos pasó cuando niños, Dios ciertamente nos ama mucho.

El amor, ¿puede perturbarnos? No. ¿Puede la **expresión** del amor perturbarnos? Sí. Por ejemplo, si alguien "saca cuentas", eso puede ser muy perturbador: "Yo doy más que tú. Lo he medido: treinta y cuatro unidades de amor contra veintidós.

Me debes doce antes de que yo haga algo más por ti". Ése en realidad es un amor condicional. ¿Sabes lo que es el amor **incondicional**? Simplemente acércate a un bebé y echa un vistazo. Ese bebé te mirará con amor y dirá: "Álzame". Y tú lo amas tanto que quieres cogerlo y salir corriendo... hasta que te acuerdas de la cantidad de pañales sucios. Entonces, corres a devolvérselo a su madre. En todo, siempre hay una realidad presente que es también espiritual: espiritualidad práctica. Cualquier otra clase de espiritualidad es raramente practicable.

Dos personas se conocen, se enamoran y se casan porque cada uno piensa que el otro es fantástico. Pero, casi inmediatamente, alguno de los dos —o ambos— empiezan a cambiar al otro para que concuerde más con su ideal. No pasa mucho tiempo antes de que alguno de ellos diga: "Separémonos. Eres aburrido. Ya no te amo. No eres el mismo con el que me casé". Y el otro dice "No. No lo soy. Has estado tratando de cambiarme desde el día en que nos casamos. Si abro la boca, me dices que me calle. No quieres que haga las cosas que me encantaba hacer. No quieres que salga con mis amigos. No sé lo que quieres". Es muy importante dejar que la gente respire su propio aire, que digieran su propia comida y que se expresen de la manera que es natural para ellos. Si intentas cambiar la expresión de alguien, probablemente sentirás frustración y dolor.

La expresión sexual es una forma de amor y de gran creatividad. En una relación sexual existe un gran potencial de usar esa expresión sexual para enriquecerte y elevarte hacia la mejor expresión de ti mismo. Dado que esa área es tan poderosa, también hay un tremendo potencial para la negatividad, si ella no se usa de una manera positiva.

La creatividad del centro sexual y la creatividad del centro espiritual están localizadas en la misma zona del cuerpo. Esta área rodea al cuerpo como una banda que comienza justo por debajo del ombligo y se extiende hasta los muslos, unos doce a quince centímetros por debajo de los glúteos. Tanto la creatividad sexual como la creatividad espiritual están localizadas en esa área. Cuando la gente siente un impulso del Espíritu, suele confundirlo con el impulso sexual, de modo que liberan ese impulso en una relación sexual pero no siempre quedan satisfechos. Particularmente no es satisfactorio cuando no está acompañado de un amor espiritual, de un cuidado y un compartir con un compañero que sea parte de una relación amorosa completa.

Muchas veces, al no saber que el centro de expresión sexual y de expresión creativa están localizados muy cerca en el cuerpo físico, te confundes con lo que sientes. Un nivel dentro de ti **parece** urgirte para que te expreses sexualmente, cuando en realidad puede estarte urgiendo para que te expreses creativamente. Parecería estar diciendo: "Vamos, tengamos sexo", porque ésa es la experiencia a la cual te has condicionado. Pero en realidad podría estar diciendo: "¡Crea! Produce algo nuevo con tu propio ser". Si esto es así, la sensación de satisfacción en el acto sexual tendrá muy corta vida. Tu satisfacción y realización durarán mucho más si te elevas a ti mismo con una expresión creativa del Espíritu.

Hay muchas maneras de expresar la sexualidad y ninguna es necesariamente buena o mala. No hay una moralidad en el Espíritu que determine una manera "correcta" o una "errada". La moralidad es un aspecto de la sociedad. El hombre crea su propia moralidad y la moralidad del hombre determina quién es un "pervertido sexual". Personalmente, no uso las palabras "pervertido" o "desviado" porque eso lleva a actitudes de correcto y errado, y no hay cosas correctas ni erradas intrínsecamente. Sin embargo, existen amplias variaciones en la expresión sexual, de modo que prefiero el término "variante sexual". Hay maneras que traen dicha y maneras que no. Hay maneras que producen un contento amoroso, y otras que traen soledad y desesperanza. Es elección de cada uno expresarse de la manera en que se sienta cómodo. Por lo general, la gente descubre por sí misma las maneras que las realizan y les producen dicha.

Puedes experimentar liberación espiritual cuando te elevas lo suficiente por sobre los niveles negativos de conciencia del cuerpo. Entonces, puedes disfrutar de los niveles inferiores con menos posibilidades de quedar atrapado en las ilusiones de esos niveles. Sin embargo, eso no te da ninguna licencia para abusar o usar incorrectamente esos niveles. Es importante ser juicioso respecto de tus actividades, selectivo en tus experiencias y sabio en tu actitud.

Diferentes expresiones sexuales tienen diferentes consecuencias, y algunas son mucho más fáciles de manejar que otras. El resultado de una expresión sexual promiscua y poco selectiva puede convertirse en una enfermedad del cuerpo como, por ejemplo, las enfermedades venéreas. Otra consecuencia puede ser la dispersión de un montón de energía creativa que podría ser canalizada hacia otras áreas de orientación y realización positiva. Otra, la confusión y pérdida de identidad por mezclar muchas frecuencias diferentes en el cuerpo. Cuando no estás consciente de algunos de estos efectos, puede que no notes que están sucediendo. Las personas que han tenido muchas experiencias sexuales desde muy jóvenes tal vez no tengan otros puntos de referencia, de modo que pueden no notarlo. Sin embargo, el cuerpo parece sufrir de debilitamiento de energía y enfermedades extrañas.

A medida que te vuelves más consciente espiritualmente, descubres una percepción más sólida de tu propia energía. Comienzas a descubrir tu propia identidad al ir haciendo ejercicios espirituales e involucrándote en meditación y contemplación. Entonces, si vas y te involucras en un encuentro sexual casual, la sensación de confusión y de mezclar energías puede resultar muy notoria y convertirse en una opción que evites.

El intercambio sexual es una manera muy rápida de mezclar las frecuencias de tu propio ser con las de tu compañero. Así que, cuando el intercambio sexual se hace indiscriminadamente, **puede ser** una forma rápida de perder tu propia identidad. Puedes perder tu dirección consciente si te confundes respecto a quién eres realmente. También puedes perder tu impulso positivo de energía y sentirte extremadamente agotado y exhausto. Si tienes una relación sexual con alguien que tiene encuentros sexuales con otros, no sólo puedes recibir las frecuencias de tu compañero, sino también las de aquellos con quienes tu compañero ha tenido relaciones sexuales. Podrías convertirte en un "basurero" y eso puede ser un infierno. El resultado es que te vuelvas tan inseguro de tu propia identidad y de tu propio valor, que renuncies a la dignidad de tu conciencia y permitas que los patrones inferiores de deseo de tu naturaleza gobiernen tu vida.

Los encuentros sexuales promiscuos pueden confundirte en muchos niveles. Dado que la creatividad sexual y la creatividad espiritual están ubicadas tan cerca, la actividad sexual puede afectar negativamente tu creatividad espiritual, dejándote aún más propenso a recoger la energía de la última persona con quien te involucraste sexualmente. Cuando caes en este tipo de confusión, te encuentras con que ella afecta muchas áreas de tu vida.

Si tienes que tener una relación sexual, hazte un favor y tenla con la persona más luminosa que puedas encontrar y mantén una relación de exclusividad con esa persona. Si tu compañero no está interesado en tener una relación sexual de exclusividad contigo, cómo lo manejes depende siempre de ti. Sólo sé consciente de que puedes estar abriéndote a una gran disconformidad y confusión. No hay cosas correctas o equivocadas, sin embargo, hay resultados diferentes producto de acciones diferentes.

Dios vive en esencia dentro de todos. No te olvides de eso en una relación sexual y ama a esa persona como amarías al Dios que reside dentro de ella. Expresarse sexualmente es una de las maneras en que el Alma hace el amor en el nivel físico. Puede darse un bello intercambio de todas las energías cuando amas a tu pareja en los niveles físico, emocional, mental y espiritual simultáneamente. Es posible experimentar un equilibrio y una fusión verdaderamente placentera y satisfactoria no sólo a nivel sexual, sino en todos los otros niveles de tu ser.

Cuando dos personas se aman, no necesariamente deben mirarse el uno al otro para realizarse. Más bien, se encuentran mirando en la misma **dirección** para sentirse plenos. Ésa es la clave. Mira al Espíritu para sentirte realizado. Cuando dos personas lo hacen juntas, se miran mutuamente y ven la plenitud que ambos expresan y el amor de los dos se enriquece y profundiza su sensación de plenitud. En ese momento, nada de lo que hagan les parecerá mal. Todo lo que hacen se vuelve espiritualmente correcto y perfecto. Y el amor sexual es entonces un aspecto más de la relación de amor total.

Amar Desde la Fuerza

La gente suele colocar mucho de su sentido de identidad en el cuerpo. Es ilusorio. Eres mucho más que tu cuerpo. Un hombre me dijo una vez: "Mi esposa dice que no puede vivir sin mí, pero yo no le puedo hablar de las cosas que realmente me importan. No le interesa escuchar y compartir desde ese nivel. Aparentemente, ella sólo quiere mi cuerpo. Entonces, lo voy a llenar de alcohol y se lo voy a dar". Así es como él resolvió el problema de la necesidad que ella tenía de su cuerpo. Pero él no estaba contento con esa solución y ella tampoco. No era compartir. No era amoroso. Hablé con ellos y les expliqué los distintos niveles de conciencia y cómo con amorosidad, ese amor puede expresarse en cada uno de los niveles. Vieron que el amor que se tenían estaba fragmentado e incompleto. Trabajaron para expresarlo en cada nivel y su matrimonio se volvió mejor y mejor.

La Luz de tu propia conciencia te mostrará dónde no estás cumpliendo con la verdad de tu Ser en tu interior. La verdad dentro de ti es completa, aunque a menudo esté velada por la ilusión, y por eso no la conoces ni la percibes claramente. La gran misión de la naturaleza humana es buscar la Verdad que lo abarcará todo, la Verdad dentro de la cual todo caerá por su propio peso y dentro de la cual todo podrá ser explicado, medido y resuelto. Se cree que cuando esto se complete, se encontrará la paz, la felicidad y la seguridad porque habrá un espacio para todo. La misión en sí misma es una ilusión. De la única manera en que la misión puede ser completada es conociendo a Dios. Dios es la única Verdad que lo abarca todo.

Descubre el Amor

En un sentido físico, Dios es bastante intangible y nuestro condicionamiento nos enseña a ir tras cosas **tangibles**: más dinero, un mejor trabajo, una casa grande, un carro nuevo, una pareja, un buen físico, una figura linda, ropa nueva, etc. Cuando persigues esas metas, pueden suceder muchas cosas. Puedes usar a otras personas para conseguir las cosas que quieres y los otros pueden usarte a ti para conseguir las cosas que ellos quieren. En este nivel, todo el mundo usa a todo el mundo y eso está muy bien. Es parte del juego aquí. **Abusar** y **usar mal** no son parte del juego. Pero el **uso**, claro que sí. Usas a la gente, la gente te usa a ti. Es un intercambio. Nadie puede explotarte ni abusar de ti a menos que tú lo permitas, lo promuevas o lo crees activamente. Puedes hacer las tres cosas. Pero sin tu permiso en algún nivel, no pueden abusar de ti.

Todos conseguimos lo que pedimos. A veces, pedimos cosas conscientemente, sabiendo lo que estamos haciendo; a veces, pedimos cosas de una manera no tan consciente, pero las pedimos igual. Las mujeres que usan blusas descotadas o faldas muy cortas o pantalones muy apretados están pidiendo la atención que obtienen. Piden una potencial explotación y cuando los hombres las explotan, se sienten maltratadas y utilizadas. Tal vez sea así, pero ellas lo crearon de una manera bastante específica.

¿Y qué pasa con el hombre que le compra espléndidos regalos a sus mujeres? Muy a menudo intenta comprar amor, afecto y aprecio de aquellos a quienes les está comprando los regalos. Y cuando toman los regalos y lo abandonan, se siente abusado y que se aprovecharon de él. Tal vez sea así y si es así, fue él quien se programó para eso.

Sé sabio en tu actitud. Observa tu propio comportamiento y usa tu inteligencia para que te diga cuál será el resultado. Realmente las cosas no son muy difíciles cuando el resultado está alineado para ti. La acción entonces está bien. Y si no te gustan los resultados de tu comportamiento, cámbialo para que te brinde resultados que se acomoden mejor a ti. Cuando analizas estas cosas con claridad, no son misteriosas.

Una mujer divorciada vino a consultarme en una sesión de consejería. Aún experimentaba algunas dificultades en relación con su divorcio, y me contó qué ella había causado su divorcio. Mientras hacía el amor con su esposo, la televisión estaba encendida en el programa "El gran premio de los $64.000". Ambos estaban extremadamente concentrados en lo que hacían, especialmente él. En un momento, en la TV hicieron la pregunta de los $32.000, y ella, sin más, la respondió. E instantáneamente todo terminó. Él se levantó, se duchó, se vistió, empacó una maleta y le dijo: "¿Te gustaría intentarlo con la de los $64.000?", y salió por la puerta. Ésa fue la última vez que lo vio; su abogado se había encargado de todos los papeles del divorcio. Ella me comentó: "A veces tienes que ser muy cauteloso con las preguntas que respondes". El sentido de la oportunidad es importante. A veces, es sabio posponer las cosas hasta cuando el momento sea más oportuno.

Si el amor que expresas no corresponde al amor que es propio de un desarrollo espiritual, te encontrarás enredado en áreas de carencia y de sufrimiento emocional. Si tienes una relación con alguien, dile hasta donde puedes llegar en este momento, y si no lo sabes, simplemente dile: "No sé". Una declaración como ésa produce mucha seguridad porque la honestidad es obvia. Tal vez no lo sepas por la forma en que tu pareja preguntó, o puede haber otras razones. Pero estás transmitiendo seguridad al saber que no vas a dar información deshonesta y tampoco permitirás que tu amado caiga en un estado de confusión. No hay nada de malo en decir simplemente: "No sé".

Te conviertes en un trabajador de la Luz en acción, si trabajas con la gente amándola y apoyándola sin interferir con ellas. Entonces, comienzas a sintonizarte con la Luz dentro de cada persona, cualidad que se conoce como el Cristo. Toda persona lleva una Luz dentro de ella. Tu trabajo es simplemente tomar conciencia de ello. Al hacerlo, puedes ir activándolo en una conciencia cada vez expandida, hasta que llegas al Alma, que es la conciencia de Dios, de la Luz y del Amor. El Alma está bien protegida. Está resguardada por los mejores guardianes que se puedan encontrar. Algunos de esos guardianes son: "Pobrecito de mí", "Nadie me ama", "Estoy hecho un desastre", "Estoy arruinado", Me voy a ir al infierno", "Te odio", "Estoy verde de envidia", "Te deseo" y "Quiero controlarte". Una clave para pasar más allá de todo esto es decir simplemente: "OK", y sigues con tus asuntos. Ninguno de esos estados durará mucho. La conciencia que es el Alma lo sobrevive todo. No luches contra la negatividad ni te resistas a ella porque esa resistencia te atará a ella. Simplemente déjala ser lo que es y déjala fluir a través de ti y que salga fuera. Déjala ir. Y actúa de una manera positiva, **usando todo** lo que te llegue como un escalón hacia dónde te diriges.

A menudo, es importante desconectar las distracciones del mundo físico y volcarse hacia la esencia del Espíritu. Tal vez tengas ganas de alejarte y de estar solo, o subir a la montaña, que puede simbolizar tu conciencia superior. Allí puedes verte a ti mismo y a Dios con mayor claridad. Cuando estás abajo, en el valle, hay más sombras. De manera similar, en toda conciencia hay cimas y valles. A menudo, subes una cima en tu conciencia y te sientes de maravillas, pero luego empiezas a descender por el otro lado, hacia el valle de las sombras. En vez de descender hacia esos lugares, sería sabio sentarse en la cima de la montaña durante un rato y disfrutar de la altura que has alcanzado. Es mucho más fácil trabajar en una posición que tiene conocimiento y fuerza que en una de debilidad e incompetencia.

Los sentimientos de desaliento y desesperanza surgen cuando no tienes conciencia de quién eres realmente. No sientes a Dios dentro de ti. No sientes el Alma, tampoco el Espíritu o el gozo de tu conciencia interna. Así que, con el fin de sentir **algo**, eres capaz de hacer cualquier cosa. Podrías incluso causarte dolor a ti mismo con el fin de sentir algo. Podrías atacar a otras personas para que te devolvieran el ataque y pudieras sentir. Podrías llenarte de comida y bebida, o consumir drogas y de un cuanto hay, todo para conseguir una sensación y que pudieras decir: "Tal vez ése sea yo". **Puedo** garantizarte que ése **no** eres tú. **No** eres la comida, el alcohol o las drogas. **No** eres tu sufrimiento, tu dolor o tu confusión. **No** eres tus sentimientos. Lo que estás tratando de definir en base a esos niveles no reside allí. Si así fuera, lo habrías encontrado hace mucho tiempo. El gozo, la alegría y el amor que brotan dentro de ti como una gran fuente provienen de Dios, del Dios que habita tanto dentro como fuera de ti.

Puedes invocar la Luz del Cristo para activar tu propia conciencia Crística. Si te has estado abriendo a recibir, puede que experimentes un destello de conocimiento, de conciencia, de realización. Cuando trabajas en áreas psíquicas, a menudo las realizaciones pueden ser atemorizantes porque llegan muy de repente y con muy poca preparación. Cuando trabajes bajo la protección de la conciencia del Viajero Místico, estarás preparado para tu despertar. El Viajero traerá la realización a tu conciencia de una forma más gradual. El velo que te cubre de ti mismo será recogido lentamente y te revelarás a ti mismo en un proceso gradual. Llegarás a saber que eres uno con el Padre, quien es uno con toda Su creación. Entonces, podrás mirar todas las cosas y expresar tu unidad con una simple declaración: "Esto soy yo".

Incluso, después de confrontar tu karma, tus hábitos negativos tratarán de atraerte de vuelta hacia los patrones antiguos y familiares.

Karma se Deletrea E.S.T.U.P.I.D.E.Z.

Capítulo Cuatro

En su sentido más puro, el karma puede ser definido como "acción". Y el karma **negativo** se puede definir como **incapacidad** de actuar. A menudo, es tu karma negativo el que te está afectando cuando no sabes qué hacer y a dónde ir. Dices: "¿Qué camino debo tomar? ¿Voy para allá o para el otro lado? ¿Escojo esto o esto otro? ¡No se qué hacer!". Ése es tu karma. Sientes como que deberías ir en una dirección, pero algo adentro dice: "No", o "No puedo". Y no sabes qué hacer ni qué dirección tomar. No puedes ni siquiera "sacarle el cuerpo", y tomar una decisión por omisión: tu karma te tiene completamente prisionero. Estás atrapado. A veces, ni siquiera lo sabes y es entonces cuando la ignorancia puede ser como una bendición.

Cuando tienes karma y no lo sabes, caminas arduamente de un lado para otro, encontrándote con una cosa kármica tras la otra, hasta que te sientes como en un gran círculo vicioso. Esa sensación puede ser correcta. A veces, giras en torno a la misma situación kármica una y otra vez, hasta que un buen día te despiertas y dices: "¿No he hecho esto antes? Recuerdo la última vez que lo hice. No me gustó mucho entonces, y parece que ahora está sucediendo de nuevo". **Pon atención** esta vez. **Enfócate** en lo que está pasando. **Disciplínate** cuando actúes. Si puedes enfocarte y tomar conciencia, puedes actuar. "No tengo que seguir haciendo eso. Haré esto en vez". Y en ese momento de **acción** positiva, tu karma negativo ha sido confrontado y disuelto por tu inteligencia: viendo lo que es y haciendo una elección.

Incluso después de confrontar tu karma, tus hábitos negativos tratarán de llevarte de vuelta hacia los patrones antiguos y familiares. Permitir que eso suceda se deletrea E.S.T.U.P.I.D.E.Z. Esos hábitos negativos pueden ser tan fuertes dentro de ti que cuando el intelecto diga: "¡Cuidado!", ellos dirán: "No, si yo ya pasé por eso. No hay problema". Algunos de esos patrones kármicos son como el arsénico. Puedes tomar un poquito y no te matará, puedes tomar otro poquito más y no te matará. Pero un buen día tomas un poco más y te **mueres**. Se acumula en el sistema y no puedes eliminarlo. No es ni siquiera necesario que lo tomes en días consecutivos. Puedes espaciarlo en un período largo de tiempo y, aún así, se acumulará y eventualmente te matará.

La ignorancia y la incapacidad de actuar matan. Pero primero torturan. La estupidez también tortura. Caes en el mismo enredo una y otra vez. Tal vez sea la misma escena con tus padres, tal vez la misma aventura con diferentes mujeres. Tal vez es rendirte cada vez ante el alcohol. Sea cual sea la forma que tome, es la incapacidad de cambiar lo que te atrapa en un patrón. Y dices: "Sigo haciéndome lo mismo y no sé por qué. Pareciera que no puedo salir de esto. Me duele". Te estás golpeando en la cabeza y por supuesto que eso duele. ¡Deja de hacerlo! Y tal vez se te quite el dolor de cabeza. Y si no eres capaz de detenerte, encuentra a alguien que te ayude a hacerlo. Consigue a alguien que detenga tu mano o amárratela. Claro, es un consejo ridículo, pero a veces se requiere de un cambio drástico que te fuerce en una nueva dirección, hacia una acción positiva.

La gente adicta al juego es un ejemplo de los patrones negativos en acción. El jugador sigue apostando y sigue perdiendo. El tipo está sentado allí jugando, y es como si viniera alguien con un bate de beisbol y le golpeara la cabeza. El jugador exclama: "¡Vaya! Alguien me golpeó en la cabeza con un bate de beisbol", y sigue jugando. Muy pronto, el tipo con el bate regresa y el jugador dice: "Mira, ese tipo con el bate de beisbol me va a golpear en la cabeza de nuevo". Lo hace y el jugador dice: "¿Viste lo que hizo? Me golpeó en la cabeza con el bate de beisbol", y vuelve a su juego. El tipo regresa y lo golpea de nuevo, y el jugador exclama: "¿Puedes creerlo? ¡Me golpeó **de nuevo**!", pero vuelve al juego. La próxima vez que el tipo vuelve y lo golpea en la cabeza, dice: "¡Creo que tengo que salir de aquí!", y se marcha.

Verlo venir no es suficiente. Seguro, eres un gran profetizador y tus profecías son siempre acertadas. ¡Aquí viene! ¡Paf! ¡Justo en la cabeza! Saber que va a suceder no lo hace más agradable y tampoco menos doloroso. Después del primer golpe podrías ponerte de pie, dejar la silla, prepararte para agachar la cabeza o negociar. Cuando se te presente un campo kármico, levántate y muévete. A menudo, ese campo kármico se te está presentando para hacer que te muevas, para que te levantes de la silla y te vayas a hacer cosas nuevas que te beneficiarán. El cambio es parte necesaria de la vida. Resistirse al cambio produce dolor.

Algunas personas son estupendas para resistirse a los cambios. Dicen: "¡Yo no! He estado sentado en este lugar durante veinte años y no pienso moverme por causa de alguna cosa kármica que me vaya a golpear en la cabeza". **Muy bien, que te golpeen en la cabeza entonces**. "No, no quiero ser golpeado en la cabeza", **entonces muévete**. "No, de aquí no me muevo" **¡Aquí viene!** "¡Diablos! Justo en la cabeza ¡Eso sí que me dolió! Pero no dejaré que me alcance. ¡No me voy a mover!". **¿Por qué?** "Porque soy orgulloso". **Tu cabeza comienza a parecer una pulpa. ¡Más vale que te deshagas de ese orgullo lo más pronto posible!** "¡No, señor! ¡Me voy a quedar sentado en este lugar hasta el día del juicio final!". **¡Aquí viene de nuevo!** "¡Ayayay! ¡Justo en la cabeza!".

Cuántas veces hay que golpearte en la cabeza y derribarte antes de que digas: "¡Esto no está funcionando!". A veces, antes de alcanzar ese punto, comienzas a sentirte como anestesiado. Te golpea en la cabeza y piensas: "No me dolió tanto". Tal vez tengas el cráneo amoratado y lleno de llagas, pero puede que estés tan acostumbrado al dolor que pienses que las cosas están mejorando. **¡Aquí viene de nuevo!** "Ése no fue tan fuerte". Tal vez no, pero esta vez tu maxilar se dislocó... Está comenzando a afectarlo todo.

Las repercusiones de una acción kármica afectan todo el cuerpo y la conciencia, y producen un impacto en muchas áreas. Por ejemplo, el patrón de obstinación y resistencia en una mujer puede afectar su sistema reproductivo y llevarla a que necesite una histerectomía. Esos bates de beisbol kármicos tienen efectos reales. Te golpean. Si resistes el dolor reprimiéndote más y más, y empujas la energía negativa hacia el área reproductiva del cuerpo, esa energía bloqueará la circulación de la energía y eso, a la larga, puede manifestarse como una enfermedad. Es una obstrucción de la energía. Ese mismo patrón causa impotencia o una hernia en los hombres. De hecho, la causa inmediata de la hernia puede ser haber levantado algo muy pesado, pero un patrón de resistencia y obstinación produjo la debilidad que hizo posible la lesión.

Si eres realmente honesto contigo mismo y vives con verdad, podrías escribir en una hoja de papel todo lo que te ha sucedido y cómo lo causaste. Es realmente interesante descubrir que no sólo lo creaste, sino que lo permitiste e incluso, a veces, hasta lo promoviste. Pero luego quieres culpar a otro de tu creación: "¡Oh, no! Aquí viene de nuevo. ¡Me golpeó en la cabeza otra vez! ¿Cuándo va a parar esto?". **Salte del camino. Sentarte allí lo promueve.** "No, no es cierto. Sólo estoy sentado aquí, ocupándome de mis cosas". **Muy bien, pero el tipo con el bate tiene un trayecto fijo y pasa por aquí cada dos horas. ¿Por qué te sientas en dónde él pasa?** "No sabía que éste era su trayecto porque estaba oscuro cuando me senté". **Ahora hay luz y en unos cuantos minutos él va a pasar de nuevo. ¡Levántate! ¡Muévete!** "¡No señor! No me voy a mover". **Están construyendo otro trayecto y va a haber dos tipos con bates, uno a cada lado.** "No creo que pueda soportar eso. Mejor me muevo, pero no es mi culpa. No debería tener que moverme". **Si. ¡Tienes que moverte!** La primera vez que te golpea el bate, la primera vez que lo ves venir, la primera vez que lo oyes aproximarse, ése es el momento de moverse. No esperes a que te golpee quince veces. No te aferres a los viejos patrones. Déjalos ir. Suéltalos y pasa a lo que sigue. A eso se le llama inteligencia.

Escucho a mucha gente hablar de su sufrimiento, pero cuando miro el planeta, veo la Luz en equilibrio y manifestación perfecta. Veo gente resolviendo sus situaciones kármicas, equilibrándolas y despejándolas. Veo a la gente creciendo, progresando, aprendiendo, alcanzando posiciones de conciencia más y más elevadas. Y eso no es sufrir. El sufrimiento ocurre cuando el hombre se separa de Dios. Todo lo que se llama sufrimiento es únicamente un síntoma de esa separación de Dios.

Cuando eres incapaz de ver la perfección de la acción de la Luz y de tu sendero en este planeta, a veces, la acción de la Luz parece que sucediera por casualidad y eso puede producir una forma de sufrimiento. Por ejemplo, una semana invocas la Luz y todo te funciona realmente bien y tu vida se desarrolla de una manera hermosa. Una semana más tarde, invocas la Luz y encuentras que **nada** sucede como debiera. Dices: "No funcionó", y sufres. ¿Alguna vez consideraste que los momentos difíciles por los que pasas podrían ser justamente lo que necesitas para ayudarte a crecer, para ayudarte a ascender al siguiente nivel de conciencia? La Luz funciona siempre para tu bien mayor, aunque no siempre tu bien mayor sea obvio.

En ocasiones, en tu vida puedes sentir que has mezclado diferentes cosas y que repentinamente transmutaste "plomo" en un "oro" tan precioso y bello, que las palabras se quedan cortas. Pero olvidas qué cosas y en qué proporción las mezclaste y no puedes volver a hacerlo. La incapacidad de recrear lo bello que alguna vez sucedió produce una forma de sufrimiento. Sin embargo, esa belleza era para ese momento. La conciencia humana siempre se mueve hacia adelante, hacia un eterno AHORA y es por eso que es importante vivir en el presente y recrear a cada momento el "oro" de tu ser. No puedes hacerlo aplicando la fórmula del ayer. Se recrea de cero todo el tiempo.

Mi trabajo suele consistir en aliviar el dolor interno mío y el de otros. Dentro de mí es muy fácil. Simplemente me coloco en la conciencia superior y me quedo allí hasta que vea las cosas con una perspectiva más amplia. Puede que en este nivel esté viviendo muchas cosas que podrían no verse como positivas o amorosas, pero si reconozco que Dios está en todas partes y encuentro evidencia de Dios en la existencia completa, mi "sufrimiento" se pone también en perspectiva, y percibo y entiendo la perfección de la acción mayor.

Cuando sientes que estás en una situación que te hace sufrir, puedes casi apostar que tú mismo te creaste ese sufrimiento. Te podrías encontrar diciendo: "Necesito ayuda, necesito consejo. Sucedió esto y tengo que encontrar una manera de resolverlo". Lo que realmente estás diciendo es: "Hice esto y aquello, y ahora todo se me está devolviendo y eso duele". Cuando suceda eso, tienes dos opciones: reír o llorar, pero igual tienes que resolverlo. Puedes caer en un estado de desdicha y desesperación y lamentarte por lo que sucedió. O comenzar a elevarte y decir: "Bueno, claro que me duele cuando me río, pero me reiré de todas maneras". Te sentirás tanto mejor con la segunda opción. Puede que no disuelva el sufrimiento, pero podrá hacerlo más fácil de atravesar.

Cuando te hayas causado a ti mismo algún dolor y malestar con tus acciones, adopta una actitud de quietud y serenidad. Esa actitud puede sostenerte para atravesar prácticamente todo. Enfócate en el momento presente y no mires hacia la semana entrante, el mes que viene o el próximo año. Sólo mantente presente en el ahora —momento a momento— y ocúpate de lo que sea que se te presente en ese momento. Por lo general, la vida no es tan difícil cuando se la acomete así. Parece que gran parte del sufrimiento surge cuando miras hacia atrás, hacia el ayer o hacia adelante, hacia el mañana.

Cuando Dios creó el mundo, miró Su creación y dijo: "Es buena", a pesar de que haya muchas religiones que digan que el hombre nació para sufrir y que el hombre debe pagar por sus pecados. Así que, lo que sea el pecado, debe de estar adentro y no afuera en el mundo. Se ha dicho que el pecado es ignorancia y, de hecho, mucho sufrimiento surge por no saber lo que está pasando. La ignorancia es oscuridad y en la oscuridad a veces te caes. Se podría decir que de esa forma pecas contra tu propia conciencia Crística, contra la Luz de tu propio Ser.

Vivir con Éxito

La humanidad ha desarrollado un concepto a partir de la oscuridad, la ignorancia y la incapacidad de entender algo que se llama **castigo**. Ejercer el castigo ha producido mucho sufrimiento en el mundo. La idea del castigo parece ser universal y se practica de maneras muy diversas. Un tipo de castigo es la reacción de una persona frente a alguien diferente a ella: "Te castigo por no ser como yo y por no hacer las cosas de la forma que yo quiero". Si se le explica esto a la persona que está practicando el castigo, tal vez diga: "No. No es por eso que te estoy castigando". Y puede que tú señales: "Entonces, debes sentir que tienes derecho a castigarme. ¿Con qué derecho lo haces?". Si contesta: "Porque soy tu padre", podrías decir: "Está bien". Pero los niños suelen añadir: "Entonces, cuando yo sea grande e independiente y no esté bajo tu control, podré castigarte yo **a ti**". Eso trae a la palestra otro aspecto del castigo que es el **de quedar a mano**. Es la vieja ley de Moisés, "Ojo por ojo, diente por diente". En los niveles inferiores, éste suele ser un punto de vista real. Pero en la Biblia también se dice que la venganza será del Señor. El Dios supremo brinda equilibrio absoluto y eso no implica castigo. El **hombre** castiga, Dios **ama**. Dios ama a los hombres que castigan tanto como a los que reciben el castigo.

Pueden darte ganas de castigar cuando sientes que te están limitando, cuando encuentras que alguien te ahoga, cuando alguien usurpa tu autoridad en algo de tu propiedad. "¿Con qué derecho revisas mis libros?", "¿Qué derecho tienes de preguntar cuánto dinero tengo?". Cuando estableces tu divinidad soberana sobre cosas que dices son **tuyas**, realmente te sientes justificado de castigar a quien ose entrar en esa área. Pero cuando haces el esfuerzo y castigas a alguien, de hecho te estás castigando a ti mismo; en realidad estás diciendo: "Simplemente no soy capaz de manejarlo de ninguna otra manera".

Me gustaría contarte una experiencia personal, a modo de ejemplo, de cómo el castigo es contraproducente. Tengo dos perros en casa que pueden ser más listos que cualquiera en ese lugar. Cuando todavía eran bien cachorros decidimos instalar una barrera, de modo que ellos estuvieran en un parte de la casa y nosotros pudiéramos usar el resto de ella, algo así como un trato. Pero los perros querían la parte de la casa donde estaba yo. Dedicamos muchas horas a planificar una manera de mantenerlos encerrados en una pequeña área de la casa. Poníamos la barrera, los dejábamos del otro lado y los llamábamos con un silbato para ver si ellos encontraban la manera de superar el obstáculo que habíamos colocado frente a ellos. Tratamos de muchas formas sin mucho éxito. Finalmente, los que trabajaban en el asunto pensaron que esta vez sí habían dado con una barrera a "prueba de tontos". Así que los pusimos del otro lado y nos sentamos sólo para ver cómo la atravesaban. Un perro logró pasar a través de un agujero que no debe haber tenido más de doce centímetros de ancho, un espacio por el que objetivamente nunca debería haber podido pasar. Mientras, yo observaba el aura de mis compañeros en el cuarto y podía ver que algunos sentían el impulso de agarrar al perro y "meterlo" de vuelta a través del hueco, con amor naturalmente, otros reflejaban las ganas de golpearlo con algo para que no lo intentara de nuevo. Al ver todo eso, pensé que les demostraría lo que produce una acción de ese tipo. Cogí un manojo de papeles y golpeé con él fuertemente el piso frente al perro, y el perro se alejó de ese agujero, pero se abrió camino por otro lugar al poco rato. No iba a dejar que nada lo detuviera. Ambos perros son astutos. Aprendieron a pasar a través de esa "restricción" y posteriormente les construimos otra, que también aprendieron a franquear. Nos tomó bastante tiempo encontrar una manera de mantenerlos dentro de un área determinada. Habríamos podido castigarlos y ellos habrían dejado de atravesar la barrera. Les habríamos podido pegar tan fuerte que ellos se habrían vuelto temerosos. Pero los habríamos perdido tan pronto hubiésemos hecho eso. El castigo es una propuesta perdedora. Algunas personas aprenden mediante el castigo, pero aprenderían mucho más efectivamente con un reforzamiento positivo y con amor.

La mayoría de la gente ha sido demasiado castigada en sus vidas y, a veces, el castigo consiste en no permitirles pensar por sí mismas. Los adultos no le permiten a los niños que piensen: piensan por ellos. "Haz lo que se te dice y no repliques. Y no te atrevas a cuestionarme". A los niños les encanta preguntar: "¿Por qué?". Les explicas algo y te dicen: "¿Por qué?". Se los explicas mejor y vuelven a preguntar: "¿Por qué?". Y como los amas, les explicas otra vez y mejor, y crees que ya entendieron pero dicen: "¿Por qué?". Y más o menos en ese momento, los castigas dándoles una palmada o una respuesta sin sentido que ellos saben que no es verdad. Y justo ahí, produces una ruptura en las comunicaciones que puede afectar los siguientes cuarenta años, y tú sabrás que lo creaste por castigar al niño que preguntó: "¿Por qué?".

Tal vez el niño no quiera saber el **por qué** de algo. Posiblemente, lo que quiere saber sea cómo funciona ese algo. Cuando un niño pregunta: "¿Por qué?", podría estar preguntando **cómo funciona** algo o cómo puede accionarlo. Así que es a eso a lo que debes responder. Cierta vez, estando con unos amigos, su hijo les empezó a preguntar acerca del procedimiento de lavar algo con jabón. Los padres le explicaron cómo el jabón lavaba los platos y la ropa, pero el niño siguió preguntando "por qué", hasta que le dijeron unas cuantas palabras que estoy seguro no pensaban en serio. Cuando ellos terminaron, cogí al niño, lo puse en el fregadero, abrí el agua, puse jabón en sus manos y comencé a frotarlo de modo que se formó un montón de espuma y burbujas.

Le pregunté: "¿Ahora entiendes por qué?", y el niño contestó: "Si". Había visto lo que pasaba con el jabón. No necesitaba información adicional. Su nivel no era el de la información, era: **"¿Cómo hace eso esta cosa?"**. Las explicaciones no le satisfacían porque no entendía el sentido de las palabras, pero sí entendió cómo funcionaba. Definitivamente entendió a través de la experiencia.

Si alguien te pregunta algo y tú te sientes obligado a castigarlo, es porque has fracasado en demostrarle a la persona cómo funciona eso, o en explicarle cómo hacerlo. La gente suele interesarse por la experiencia, más que por la información. Te estarás comunicando de una manera exitosa si puedes facilitarle una experiencia a alguien que le muestre cómo expandir su capacidad creativa.

Los Maestros de todos los tiempos han enseñado pautas, pautas que ayudan a vivir la vida en la Luz del Cristo, en la Luz de tu propia conciencia, libre de sufrimiento. Dichas pautas te ayudan a manejarte en este mundo. El hecho de no manejarse muy bien en este mundo no detiene tu crecimiento espiritual, pero serías mucho más feliz si lo manejaras mejor. Así que, si quieres ser más feliz, es responsabilidad tuya aprender aquellas cosas que hagan más fácil vivir una vida exitosa y elevadora aquí.

Dado que es responsabilidad tuya lidiar con este nivel, realmente nadie puede decirte qué hacer y tampoco tú puedes culpar a nadie de lo que te suceda en esta vida. A medida que las opciones se te van presentando, hay veces en que te confundes, dudas o te desconciertas. Entonces, el mañana se carga de miedo y se convierte en una forma de sufrimiento. Repito, debes traerte al AHORA y vivir el momento presente. Es más fácil ser feliz en el presente.

A veces, sufres cuando le das demasiado valor e importancia al mundo físico y quedas atrapado en el glamour de este mundo y de todas las cosas que existen aquí. No debes olvidar que este mundo físico es sólo el diez por ciento de tu existencia y que el noventa por ciento de tu existencia en los mundos espirituales es donde podrías colocar tu enfoque y atención.

Cuando confundes tu espiritualidad con la materialidad de este mundo, te estás programando para grandes problemas. Cuando persigues las cosas materiales y tratas de encontrar la realización en el mundo, tal vez te sientas contento por un tiempo, pero no lograrás la realización. La trampa radica en confundir la sensación de satisfacción con la de una verdadera realización y creer que lograste tu objetivo. Si en ese momento, la situación, persona o trabajo en los cuales estás basando tu satisfacción desaparecen, te quedas sin "nada". Eso es sufrimiento.

Mientras estés en el mundo, debes lidiar con el mundo. Pero es importante mantener este mundo y las cosas de este mundo en perspectiva. Una vez le preguntaron a un gran Maestro hindú cómo hacía para trascender el pensamiento y residir en el intelecto puro. Su respuesta fue: "No sé", con lo cual no quedó muy bien. Pero piensa un poco en la pregunta. Desde un estado que trasciende el pensamiento, no hay manera de contestar una pregunta que surja del pensamiento y requiera del pensamiento para ser respondida. No hay respuesta para esa pregunta. En un estado más allá del pensamiento, no existe una descripción verbal de dicho estado.

Es posible alcanzar un estado de dicha, unidad y gozo, que va más allá del pensamiento y las palabras. En esos momentos, puedes ver la perfección y la belleza del plan de Dios para cada persona, así como para toda la humanidad. En esos momentos, sabes que no existe el sufrimiento y que todo es perfecto. Cuando haces ejercicios espirituales y te enfocas en el Espíritu y en los nombres sagrados de Dios, sueles alcanzar ese estado de conocimiento y cada vez te preocupan menos las cosas del mundo. Trasciendes la barrera que causa sufrimiento y caminas libre en tu conciencia de Dios.

Cuando estás en un estado de cooperación, tu actitud es de alegría, entusiasmo y abundancia.

Todos Ganan

Capítulo Cinco

Al comenzar a moverte en la dirección de tu propia conciencia espiritual interna, puedes empezar a trabajar con índices de vibración de energías más elevados, de los cuales poca gente está consciente. Voy a explicarte algunos aspectos de este trabajo lo más científicamente que pueda. El Espíritu es la esencia más pura en toda la creación, incluyendo los mundos del plano físico y los mundos de los planos superiores. Dado que es esencia pura, todo lo que se manifieste debe manifestarse desde el Espíritu.

Los científicos han rastreado los elementos de la creación hasta las partículas sub-atómicas, pero no saben qué hay más allá de ellas. Las partículas sub-atómicas son manifestaciones del Espíritu. Pueden ser creadas o reunidas por el poder de la mente. Debido a que la mente tiene muchísimo poder, es importante ser muy cuidadosos al usarla.

Se pueden crear electrones colocando las fuerzas mentales en una formación circular en movimiento, en un estado que no sea estático. Cuando movilizamos un electrón, lo hacemos cohesionarse y muy pronto podemos formar un átomo. Luego, creamos más electrones y formamos más átomos. Y al hacer esto, comenzamos a formar patrones de energía y materia.

Cuando alcanzas un grado de maestría en creación, puedes manifestar cualquier cosa que quieras desde Las Alturas. En la India hay un Maestro que puede hacer este tipo de cosas. Su maestría es tan grande que no tiene que sentarse a juntar energía mediante el método que acabo de describir. Simplemente lo ordena mentalmente y crea a nivel físico lo que quiere. Él diría que se manifestó a sí mismo en la realidad física. En el MSIA usamos esta energía para elevarnos a nosotros mismos y a otros y alcanzar un estado superior de conciencia, irradiando dicha energía a través de la conciencia y aumentando el nivel de energía del cuerpo.

Veamos cómo funciona este nivel de energía en la conciencia. Cuando nuestra mente comienza a crear, puede crear con un punto de vista emocional. En otras palabras, podemos crear tanto positiva como negativamente. Creamos positivamente cuando dotamos a nuestra frecuencia vibratoria de un sentido de creación perfecta, de un sentido de culminación satisfactoria y de un sentido de orden divino, sabiendo que a lo que le demos existencia será perfecto, que no sólo **puede** ser perfecto, sino que **será** perfecto. Al **volvernos** positivos, nos convertimos en creadores. Podemos comenzar a crear nuestro equilibrio en nuestro entorno.

Al ver las cosas perfectas dentro de nuestra mente, podemos crear esa perfección a nuestro alrededor. Así que, si vemos a alguien como imperfecto, no le estaremos ayudando a esa persona a que sea perfecta. Pero si usamos la expresión imperfecta de alguien de pauta para dirigir a esa persona a que se eleve más alto, ya no será una creación negativa, sino una dirección. En otras palabras, si señalamos cómo una función negativa puede conducir a una función positiva, será útil pues estará dando dirección. Es muy importante distinguir entre la idea de **crear** negatividad y **dirigir** a la negatividad, porque son dos procesos separados, diseñados para producir cosas diferentes en el campo de fuerza alrededor tuyo.

Echémosle una mirada a la creación negativa y así podremos ver la creación positiva más claramente. Existe mucha evidencia de la creación negativa. Si alguna vez has estado en una casa o en un área donde se ha expresado mucha negatividad hacia el Alma en un cuerpo humano, entenderás lo que quiero decir. Una expresión de mucha negatividad definitivamente atrae un determinado campo de fuerza, el cual continuará creando más negatividad al atraer más de esa misma fuerza hacia sí.

Déjame darte un ejemplo sacado de mi experiencia personal en relación a este tipo de creación negativa. Estando en Nassau, en las Islas Bahamas, visite las catacumbas y las mazmorras donde mucho tiempo antes la gente había sido torturada hasta morir y sus cuerpos despedazados mediante diversos métodos. Recorriendo las catacumbas, me sintonicé de inmediato con toda la energía negativa que había sido creada allí. Esta energía tremenda era tan intensa que tuve la sensación de que me faltaba el aire. Llené mi cuerpo de Luz y así pude mantener la negatividad alejada.

La negatividad de las catacumbas seguía siendo **muy** opresiva, así que pensé: "¿Qué es esto? ¿Estoy sintiendo claustrofobia?". Pero como no soy propenso a tener esa experiencia, tuve que seguir indagando respecto a mi sensación. Comencé a sintonizarme con el ambiente de una manera más intencionada y empecé a ver aparecer formas fantasmales. Probablemente habían estado allí todo el tiempo, pero tuve que sintonizarme con ellas para ver exactamente qué eran. Pude sentir la agonía por la que esta gente había atravesado en sus conciencias. Producto de la agonía que expresaban, crearon en torno a sus cuerpos formas de energía negativa muy grandes de odio, desesperación, agonía, venganza y muerte. Era terriblemente opresivo.

Este tipo de muerte, que involucraba tortura y mutilación, probablemente había sucedido allí durante muchos, muchos años. Las víctimas habían jurado odiar y vengarse con toda la energía que habían creado producto de su agonía, desesperación y rabia, y la habían colocado en ese lugar. El aire se había estado cargando con ese tipo de actividad durante todos esos años que nada había logrado desintegrarlo, lo cual explicaba su condición opresiva.

Creí que yo era el "Llanero Solitario" en cómo me sentía, que era el único que estaba sintiendo eso, pero cuando íbamos saliendo, pude escuchar a la gente decir: "¡Ay! No hallaba las horas de salir de allí. ¡Qué sitio tan opresivo! Sentía cosas raras en mi cuello y en mis hombros y me costaba respirar". Comencé a escucharlos y me di cuenta de que la gente lo captaba, independientemente de que lo supieran o no. Esas personas no sabían lo que estaban percibiendo, pero se habían sintonizado con la negatividad, con la depresión y con el temor. Otros decían: "La muerte se olía por todas partes, ¿verdad?". Yo no la olí, pero ciertamente que la sentí y la vi.

Esta experiencia indica que puedes crear negatividad en tu entorno a través de la amargura, la desesperación y el temor que expresas. Lo mismo sucede cuando andas deprimido y con una actitud negativa durante el día. Te desequilibras internamente, pierdes el control y creas un campo de negatividad a tu alrededor que atrae aún más negatividad. Comienzas a atraer negatividad tan rápido que te preguntas cómo demonios podrás manejarla, y ese sí que puede ser un día realmente malo para ti. Tu corazón, tu estómago, tu cuello, tus hombros y tus ojos pueden estar tan sobrecargados, que te preguntas si serás capaz de soportar todo eso. Tal vez trates de deshacerte de esos sentimientos y compruebes que no puedes. Todo lo que lograrás hacer es crear más y más negatividad y la acumularás a tu alrededor hasta que empiece a oprimir tu cuerpo.

Sin embargo, Dios en Su infinito amor y Su inmensa inteligencia, nos permite dejar reposar nuestro cuerpo y abandonarlo en la noche. Entonces, podemos acceder a diferentes reinos y recargarnos con energía positiva para entregársela al cuerpo a la mañana siguiente. Eso es lo que la mayoría de la gente hace, pero la gente que está sumida en una creación negativa día tras día, tal vez no pueda salir del cuerpo por la noche. La negatividad los anula y los retiene y, al día siguiente, se levantan tan cansados, tan enojados e irritables como el día anterior. Esta sensación surge en el minuto mismo que abren los ojos en la mañana: "¡Qué fastidio! ¡Un día más!", y encienden sus patrones automáticos de reacción en el cerebro y comienzan a pasar una "película" en su mente de cómo va a ser el día.

Esa "película" suele ser una película de horror que retrata lo mal que van a salir las cosas el día entero. Entonces, su día comienza a suceder exactamente como en su "película". Dicen: "Cuando me levanté esta mañana sabía que iba a ser un mal día. Sabía que esto iba a suceder cuando viniera a trabajar. Sabía que esto iba a pasar cuando llegara a casa". Tenían razón. Crearon el campo de energía negativa y ese campo se adelantó a ellos e hizo que las cosas que habían creado en sus mentes se manifestaran físicamente.

Esta fuerza creativa es bastante impersonal. A ella no le importa lo positivo o lo negativo. Lo que sea que crees con ella, eso será lo que obtengas. Todos somos testigos de personas que crean cosas negativas en sus cuerpos, por lo que su aura física manifiesta un campo muy negativo en él. Tal vez los mires y digas: "No me gusta su aura". También podrías decir: "No me gusta cuando me tocan. No me gustan los sentimientos que se me despiertan cuando estoy cerca de ellos. Me siento realmente raro". Y comienzas a batirte en retirada y a irte hacia dentro, tratando de protegerte de no entrar en contacto con ese campo de energía. La gente hace esto sin siquiera saber que lo están haciendo.

Es bien interesante observar el uso inadecuado del intelecto que ha hecho la especie humana tras siglos de creación negativa. La gente aún no sabe que la mente ha sido puesta en el cuerpo para ayudar al Alma a discernir qué está pasando en el reino físico. Por lo tanto, la mente tiene que ser un dínamo magistral para cumplir con dicha función. Y lo es. Como creador, tienes un real desafío por delante: crear **responsablemente**. Jesús dijo una vez que eres lo que piensas. No lo expresó así: "Atraes campos de energía hacia ti y los cargas de negatividad". Usó las palabras que correspondían a la época y al lugar en donde vivió.

Al referirnos a la creación de esos campos de energía, hablamos de la energía creativa universal del Espíritu, no necesariamente del Espíritu Santo puro, sino de la energía creativa de los reinos inferiores, la que en equilibrio es positiva y negativa. Si lo negativo no es equilibrado por lo positivo en estos reinos inferiores, nos dejamos atraer por el desequilibrio que nos rodea. Por eso es que solemos ser nuestro peor enemigo, sin embargo, nuestra mente es tan poderosa que con un poquito de positivismo podemos crear algo que compense la negatividad.

Sabes que la Tierra es más negativa que positiva. Puedes mirar alrededor en el mundo y comprobarlo. Toda la negatividad que se está despertando, toda la destrucción es una trampa. Te hace olvidar la naturaleza positiva del Alma, la naturaleza positiva de tu propio Ser divino y del Espíritu. Es bueno que albergues la imagen de tu propia divinidad y de la perfección de tu propia Alma. Estos aspectos positivos de ti mismo son los que perduran y prevalecen.

Años atrás, hubo una serie de desórdenes raciales en los Estados Unidos y vimos cómo de un incidente de negatividad muy pequeño se generó un proceso negativo. Las emociones de la gente involucrada se sumaron a ello y comenzaron a crear patrones de negatividad más grandes. Otra gente empezó a identificarse con la situación y rápidamente se transformó en un campo de fuerza masivo que sencillamente arrastró a la gente, controló sus mentes y creó patrones de conducta que involucraban todo tipo de odio y destrucción. También se han producido situaciones de extrema negatividad en muchas de nuestras universidades renombradas, entre gobiernos locales y entre naciones. Muchas de esas acciones se pueden ver como el resultado de campos de fuerza negativa creados y a los cuales se les permite funcionar sin ninguna dirección ni control positivo efectivo.

Tu primera arma de defensa en una situación negativa es el uso positivo de tu mente creativa. Debes erigirte como un faro de energía positiva si quieres liberarte de controles negativos y asumir una expresión de Luz más elevada. Esto lo puedes aplicar tanto a una acción individual como de grupo.

A veces, te levantas en la mañana y estás mentalmente tan positivo y emocionalmente tan dinámico, que sientes que podrías lograr cualquier cosa ese día. Pero luego, en la noche, tal vez te vayas a la cama sintiendo como si te hubieran apaleado. Dices: "Dudo que pueda levantarme mañana con lo muerto de cansancio que estoy ahora. Y, ¿cómo puedo estar tan cansado si me levanté tan bien esta mañana?". Es porque estás entregando tu Luz. Pero también descubres que puedes recargarte rápidamente.

Cuando eres una fuerza positiva, un "faro", ese positivismo sale hacia la gente. Y cuando esa energía de Luz fluye a través de ti, bendices a todo aquel que encuentras durante el día. Al cruzarte con alguien, ya sea en voz alta o en silencio, di: "Que Dios te bendiga", y el poder de la mente le enviará energía positiva a esa persona.

A jóvenes, cuyos padres pelean mucho, les digo: "Cuando tus padres estén peleando, simplemente siéntate o párate cerca de ellos y repite una y otra vez: "Que Dios los bendiga". Algunos jóvenes que lo practicaron, me contaron que aunque sus padres se estaban peleando y estaban realmente furiosos, muy pronto se calmaron y se apartaron. Y más tarde, incluso comenzaron a bromear un poquito y todo volvió a estar bien.

Además de "Que Dios te bendiga", existen otras palabras mágicas que crean positivismo. Decir en silencio: "Que Dios te bendiga", puede de verdad cambiar a la gente, pero si realmente quieres verlos cambiar instantáneamente, di silenciosamente: "Te amo". ¡Se ponen eufóricos! La negatividad desaparece y la energía positiva se hace presente. El amor es una fuerza cohesiva que lo une todo. El amor tiene el potencial de cambiar cualquier cosa en una acción positiva y en un fluir positivo del Espíritu.

Cooperar con las Cosas como Son

Una de las claves más grandes que alguien puede darte para que crees tu propia felicidad y bienestar, es la cooperación incondicional. Eso implica cooperar con todo lo que suceda. Si la gente se expresa de una manera inculta y a ti no te gusta, ten presente que ellos no son ni mejores ni peores que tú, sólo porque no hablen como tú. Y si otros se expresan con un lenguaje florido y son educados y cultos, eso tampoco significa que sean mejores o peores que tú. La aceptación, entonces, es una parte importante de la cooperación: aceptar a la gente por lo que son y pasar más allá de su expresión momentánea, fijándose en el mensaje que ellos entregan desde el corazón.

A la gente no le gusta admitir que no coopera. Estoy seguro de que podrías decir: "Yo coopero. Es decir, me levanto todas las mañanas y voy a trabajar. Llego puntual, salgo a la hora. Mantengo la boca cerrada y no me meto en problemas. Estoy cooperando". Ésa podría ser una cooperación mínima y, por lo tanto, producir un mínimo de resultados. ¿Pero qué pasa con las cosas más importantes y mejores que te gustaría crear en tu vida? ¿Qué pasa con un trabajo más creativo, más dinero y más felicidad? ¿Cómo bloqueas esa cooperación con el mundo que podría brindarte esas cosas más importantes?

La actitud es una clave. Cuando estás en un estado de cooperación, tu actitud es de alegría, entusiasmo y abundancia. Cuando alguien te pide que hagas algo, debes demostrarle a la persona que tu cooperación va mucho más allá de lo que te pidió que hicieras. Es decir, **haces lo que se te pide de una manera mucho más plena y completa de lo que**

la persona se atrevería a sugerir. Tal vez descubras que cuando estás en un estado de cooperación real, no sólo haces lo que se te pide, sino que ves más allá, consideras el próximo proyecto, y comienzas a prepararte para él inmediatamente. Tu enfoque se extiende más allá de tu persona y de la labor que estás desarrollando. Ejercitas tu creatividad y expresas tu alegría. Tienes una actitud feliz.

Cuando tu actitud es de cooperación, no ves una nueva tarea como: "¡Diablos! Acabo de terminar una cosa y ya me están pidiendo otra". Más bien, tu actitud dice: "¿Qué más puedo hacer para ayudarte? Tal vez haya una manera mejor de ayudarte de la que tú piensas". Ya sabes, serás un día más viejo independientemente de que hagas o no hagas algo. Y si decides hacerlo, puedes hacerlo sonriendo o protestando. Pero vas a ser mucho más feliz si sonríes. ¡Puedo garantizártelo! Cuando alguien tiene realmente una actitud de cooperación y tú le pides que cierre la puerta para mantener el cuarto temperado, esa persona correrá y cerrará todas las puertas, subirá la calefacción, revisará las ventanas y hará todo lo que pueda para asegurarse de que te sientas cómodo. Tal vez ésa sea una cooperación exagerada, pero es la disposición a hacer mucho más de lo necesario lo que crea una actitud de cooperación.

Cuando vives sin cooperar, la vida puede ponerse bastante pesada. Tal vez pases un montón de tiempo sin hacer nada, en un estado de inquietud, preocupación o ansiedad. Los médicos lo llaman úlcera o reflujo. También podría llamarse angustia, desesperanza, amargura y soledad. Bloqueas el fluir de la energía disponible para ser usada en acción, en HACER. Cuando te retienes de actuar, cuando no cooperas con lo que hay que hacer, la energía se revierte y se vuelve negativa, y empiezas a "bajonearte". En ocasiones, maldices y culpas a Dios de tus problemas. Probablemente Dios no tenga nada que ver con ellos. Te los haces tú a ti mismo. Puedes salir de la depresión HACIENDO, conectándote con el fluir positivo de la acción, cooperando con lo que esté presente en tu vida.

A veces, la gente siente que la vida es injusta, y que no se merecen lo que les pasa. Pero realmente no es así. Cuando protestas: "¡¿Por qué a mí, Señor?!", la respuesta podría muy bien ser: "Por haberlo provocado, ahora se te devuelve, y yo te amo tanto que permitiré que experimentes y aprendas de lo que tú mismo creaste". Siempre obtienes aquello que te esfuerzas por crear. Y eso se aplica a las cosas positivas y negativas por igual. Obtienes los resultados en proporción al esfuerzo que pones física, emocional, mental y espiritualmente. Somos creadores y somos muy buenos en eso. Así que, cuando suceda algo en tu vida, bien sea que te guste o no, revisa lo que hiciste para crearlo.

Hay unas pocas maneras rápidas de saber cuándo no estás en estado de cooperación. Una, es la actitud de: "¡Yo tengo la razón!". Esa actitud crea separación porque emite un juicio sobre alguien o algo. Otra clave para saber que no estás cooperando es la actitud de: "¡Estás equivocado!". Tan pronto como te escuches decir eso, pídele a alguien que te patee en donde te duela para que te despiertes y revises tu actitud. Otra manera de saber que no estás cooperando es cuando te escuchas decir: "Si, pero...". La manera de cooperar con la gente que expresa actitudes negativas de este tipo es dejarlas ganar, es permitirles que se salgan con la suya. Es fácil. Cuando hayan ganado, puedes continuar con tu positivismo sin involucrarte en ninguna de sus opiniones.

Estamos entrando en la Nueva Era, en la Edad de Oro, una época en que la conciencia del Espíritu está presente de manera más plena que nunca. La gente está aprendiendo y creciendo a un ritmo acelerado. Te enfrentarás continuamente a oportunidades en que podrás cooperar. Te darás cuenta y podrás actuar en algunas de ellas y dejarás pasar otras. Pero posteriormente, si tu energía decae y te comienzas a "bajonear", tal vez debas admitir que perdiste una oportunidad de cooperar contigo mismo. Aprovecha esos momentos para que te enseñen. Revisa la situación y ve dónde dejaste de cooperar y asumiste ese punto de vista personal que dice: "Yo tengo la razón". Ahora, debes esperar la siguiente oportunidad de cooperar y de practicar una actitud positiva.

La gente que funciona con expectativas falsas a menudo tienen bastantes dificultades para trabajar con cooperación. Cuando tienes la expectativa de que alguien se comportará de una cierta forma, que una situación se desarrollará de determinada manera o que tu acción tendrá un resultado específico, y las cosas no resultan como esperas, por lo general te disgustas y experimentas desdicha, desesperanza o depresión..., dependiendo de cuánto hayas invertido emocionalmente en el resultado. Es bueno mantenerse alejado de las expectativas. Cuando simplemente dejas a los demás ser y cooperas con las cosas como son, encuentras que tu vida fluye mucho mejor y de manera más feliz.

Mucha gente espera que yo sea distinto a como soy. Se han imaginado que yo soy de una determinada manera y cuando me ven por primera vez, a menudo dicen: "Esperaba que fueras un hombre de unos cincuenta a sesenta años, con cabello largo y barba, pero no eres así para nada". Yo les digo: "Estás en lo cierto". Es como si pensaran que yo debería defender el hecho de no coincidir con sus expectativas, que debería tranquilizar sus falsas expectativas.

Cuando la gente tiene expectativas falsas, no hay nada que puedas hacer por ellos. Tienen que lidiar con ellas por sí mismos. Si tratas de disculparte y de cerrar la brecha entre sus expectativas falsas y la realidad, puede que te encuentres atrapado en una situación desagradable. Déjame darte un ejemplo. Vas al cine, disfrutas de la película y les cuentas a tus amigos al respecto. Luego, ellos van a ver la película y sus expectativas son tan altas, basadas en tu descripción, que la película les resulta decepcionante. Así que vienen y te dicen: "¿Me recomendaste **esa** película?", y tú contestas: "Sí, claro ¿No te pareció estupenda?". Ellos dicen: "No; nos pareció mala". Entonces, dices: "Pero no te gusto la parte en que...?", e inmediatamente comienzas a defender tu opinión.

Si la gente se desilusiona producto de sus falsas expectativas, lo que sientan tienen que resolverlo ellos. Si hablas de la Luz o del MSIA y la gente se crea ilusiones y desilusiones al respecto, no tienes que defender tu posición. No tienes que defender nada, porque eres libre de ir y venir, y ése es el único nivel de honestidad en el cual puedes moverte. Si tratas de defender algo que choca con las ilusiones que los otros se han hecho, ¿ves el problema en que puedes meterte? Tal vez tengas que llegar al punto de ser grosero y decir: "¡Haz como te plazca!". Si las personas asumen una actitud de cooperación y están dispuestas a escuchar tu punto de vista, sigue adelante con la relación. En otras palabras, si ellos renuncian a sus expectativas y te permiten hacer lo mejor que puedas, eres libre de relacionarte con ellos. Entonces, si se elevan en sus conciencias, ambos estarán felices. Y si, por el contrario, no lo hacen, al menos estarán claros en sus conciencias. De cualquier manera, estarás en muy buen pie.

Si quieres vivir una vida más equilibrada y feliz, acepta este desafío: si alguien te dice: "¡Vaya! Pienso que eso se podría haber hecho mejor", sólo di: "Ése es un punto de vista interesante", y sigue con lo tuyo. Cuando sientas la necesidad de "venderle" algo a alguien, no lo hagas, sólo sigue con lo tuyo. La gente se vende a sí misma. Sin embargo, puedes darles la oportunidad de que lo hagan. Expón tu idea o servicio en cuestión y explica cómo podrían ellos beneficiarse de dicha propuesta si la aplicaran de la forma en que se debe. Si la usan de otra manera y no les funciona, tú no eres responsable.

Es mejor permanecer claro y libre en tu conciencia, saber dónde estás, qué estás haciendo y cuál es tu criterio. Entonces, si la gente comienza a interpretar lo que haces convirtiéndolo en otra cosa, simplemente diles: "Hagan como quieran", y sigue en la dirección que tú elegiste. Cuando les otorgas a los demás la libertad de hacer como gusten y de seguir en la dirección que ellos quieren, y cuando dejas en claro que tú vas a continuar trabajando de la manera en que lo estás haciendo, se genera una gran confianza para todos. Cuando dices: "No permitiré que interfieras en lo que yo estoy haciendo, y tampoco voy a interferir con lo que tú estás haciendo", encuentras que te empiezan a demostrar un gran respeto, no necesariamente admiración o alabanza, pero sí, respeto.

 # Camino a la Unidad

La espiritualidad es una manera muy sencilla de vivir. No es en lo absoluto complicada. La simplicidad de la conciencia de la gente espiritualmente despierta les hace muy fácil acceder a la conciencia primordial del Espíritu y permitirle que se exprese. Todo se complica con las expectativas que la gente tiene y los niveles de ilusión que proyectan en ella. Como la forma espiritual es tan simple y pura, es maleable y puede ser moldeada en cualquier forma. Es decir, se deja moldear en varios niveles de conciencia.

De una manera bien sencilla, puedes entrar en contacto con la conciencia espiritual con sólo decir: "Aquí estoy, Padre. Iré en la dirección que tú me indiques", y simplemente dejas que la Luz y al Espíritu fluyan; ésa es la manera más sencilla de todas. Es también la manera más directa y la más completa. Para algunos puede ser la forma más difícil y frustrante, porque no muchos quieren soltarse y abrirse a lo que sea que suceda. Tratan de agarrar y de imponer cosas a la fuerza o intentan controlar y crean todo tipo de cosas, tratando de forzar a otras personas a que encajen en su molde. Aunque sabes bien que cuando los demás intentan forzarte **a ti** a que encajes en sus moldes y creen que te han sometido, tú entablas el divorcio o renuncias a tu trabajo porque no encajas en el molde que te quieren imponer.

A nivel mental, sueles jugar toda clase de juegos, tratando de defenderte y de defender tu posición. Pero no tienes el vocabulario adecuado para defender una ilusión. Es tanto más fácil admitir un error que decir: "Es que si la persona aquella se hubiera levantado cinco minutos más temprano y se hubiera ido al trabajo quince minutos antes...". Puedes usar toda suerte de excusas, alardear y defender tu posición para quedar bien, pero adentro te seguirás sintiendo mal porque no estás en un estado mental equilibrado.

Le hablo a mucha gente y a menudo, cuando les sugiero algo, se ponen inmediatamente a la defensiva a nivel mental: "No me desordenes la mente. Ya me he hecho a una idea. No me des información nueva que pueda perturbarme. ¡El asunto está resuelto!". Puedes hacer lo que quieras con tu mente, si lo deseas con la suficiente fuerza, pero si estás ocupado defendiendo tu posición, realmente no serás capaz de hacer nada muy útil con ella. Está bien si sientes que necesitas defenderte: hazlo hasta que puedas superar la situación, pero no te quedes en eso.

Tendrás dificultades mientras trates de separarte de los demás. Eso no significa que tengas que esforzarte para unirte a ellos, pues ya estás unido. Esa unidad ya es un hecho. No tienes que hacer nada y eso es lo bello. Las dificultades surgen cuando tratas de separarte de otras personas diciendo: "¿Quién las necesita?", y una vocecita adentro dice: "Yo". Entonces piensas: "Bueno, yo soy capaz de aguantar estar lejos más tiempo que ellas", así que te apartas, y luego **ellas** se apartan, y es terrible porque tú no querías que ellas se alejaran. Querías que te miraran y te dijeran: "¡Ay! Lo siento", y que se acercaran a ti e imploraran tu perdón. Pero ellas esperaban que **tú** hicieras lo mismo, así que están empatados. Y así parece que ninguno se va a mover.

Tal vez digas: "No veo que te estés acercando y reconociendo que fue culpa tuya", pero puede que la otra persona responda: "No, porque en realidad fue culpa tuya". Así que se produce una brecha mayor. Sería más fácil decir: "Si crees que fue culpa mía, por qué no me dices cómo corregirlo. Desde tu perspectiva, ¿qué se supone que yo deba hacer?". Esa actitud puede resultar muy elevadora. Y si eres realmente inteligente, vas a añadir: "Probablemente haya sido culpa mía". Esa simple declaración seguramente subsanará el desequilibrio. El hecho de decir que lo sientes, no necesariamente restablece la comunicación, pero elimina la presión externa que está tratando de separarlos. Y, no obstante, en el fondo siguen unidos.

Aunque tengamos cuerpos físicos diferentes, sigue existiendo una unidad entre esos cuerpos. Seguimos estando conectados y tal vez te preguntes cómo es esto posible. Podrías entrar en un cuarto donde alguien tiene dolor de cabeza, sentarte a su lado y comenzar a experimentar su dolor de cabeza. Te das vuelta y le preguntas: "¿Tienes dolor de cabeza?", y la persona responde: "Sí", y tú le dices: "Yo también". Existe una conexión entre los cuerpos físicos.

Parece que todos estamos muy conectados en nuestras emociones. Comprendí cabalmente este hecho una noche en que vi una película que mostraba una masacre de indios: hombres, mujeres y niños. Para expresar su pena y dolor, tiraban tierra al aire. Pensé: "Nosotros no tiramos tierra al aire físicamente, pero lo hacemos de otras maneras". Hay algo muy auténtico y real en expresar el dolor emocional de esta manera, en hundirte en la tierra donde puedes liberar las frustraciones y comenzar a revolcarte. A veces, parece que no fuéramos tan inteligentes en esta época. Preferimos golpear a alguien en la nariz que retomar alguno de esos viejos rituales que implican soluciones universales y prácticas. Hundirse en la tierra y arrojar cosas en ese nivel libera las emociones sin lastimar a nadie.

A veces, golpeas a alguien realmente fuerte y cómo crees que no lo estás lastimando, lo golpeas más fuerte aún para llegar a él. Pero, por lo general, ya has entrado muy profundo y lo estás pisoteando fuerte, por lo que la otra persona está haciendo todo lo posible por alejarse de ti. Y como la persona se trata de alejar de ti lo más rápido que puede, tu dolor emocional recrudece. Cuando alguien te esté dando duro emocionalmente, simplemente dile: "Entiendo lo que sucede y por lo que estás pasando. No tienes que seguir pisoteándome, puedo sentirlo. No tienes que gritar, puedo escucharte. Ya me llegó tu mensaje. Ahora calmémonos y resolvamos el problema".

Se requiere de bastante sabiduría para decirle a una persona: "Ya me diste donde me duele. Tocaste la fibra que me duele y eso me hará cerrarme a ti. Puede que tenga que aislarme de ti y, en ese caso, voy a tener que contárselo a alguien". Si no dejas salir las emociones, puedes caer en un aislamiento. Si alguien no te entiende intelectualmente, encuentra gente con quien puedas relacionarte a nivel mental. Si estás en un nivel emocional, encuentra gente que pueda relacionarse contigo emocionalmente. Fluye con estos distintos niveles para que puedas trabajar, relacionarte y crecer.

La mayoría de nosotros ya ha experimentado demasiada separación y dolor, por lo que estamos moviéndonos al nivel máximo de conciencia espiritual despierta. Fluimos hacia aquellos que buscan lo mismo para no aislarnos del resto del mundo. Al ir ampliando nuestra conciencia de nosotros mismos, nos podemos ayudar unos a otros a atravesar situaciones de dolor y desesperanza y alcanzar la dicha de la culminación. Comenzamos a tener el valor y la capacidad de decir lo que pensamos con mucho cuidado y de ponerle límites a otras personas indicándoles cuáles son nuestras responsabilidades y cuáles no.

Estar espiritualmente consciente no necesariamente significa "andar con medias tintas". La gente espiritualmente despierta tiene esperanzas, es caritativa y es amable, lo que suele confundirse con debilidad. Pero las personas espiritualmente despiertas son fuertes, porque se requiere de mucha fortaleza para alejarse de la gente que podría hundirte en el lodo junto con ellos. Tal vez tengas que decir: "Te amo y jamás pensé que podría vivir sin ti, pero ahora voy a hacer esto otro". Si la persona te contesta: "Debe estar sucediendo algo realmente terrible para que te alejes de mí", podrías decir: "No me estoy **alejando** de ti, tú me estás **empujando** lejos".

Puedes juntarte con otro ser humano y decirle: "Caminemos juntos y compartamos lo que podamos compartir. Si tenemos las hierbas medicinales como tema en común, ése es el nivel en el que compartiremos". Puede que tengas un amor especial por aquellos con quienes quieres compartir en más niveles y alcanzar una mayor unidad y un amor espiritual más profundo. Podrías convertirte en un "dínamo" al permitir que la gran energía del Espíritu sea transformada a través de tu conciencia y salga hacia el resto del mundo en todos los demás niveles.

El Espíritu Santo te usará cuando te despejes y le permitas entrar en tu conciencia y salir hacia los otros niveles. Cada vez que no estés seguro de qué hacer en una situación determinada, puedes simplemente pedir la Luz "para el bien mayor de todos los involucrados", y así el Espíritu Santo podrá fluir a través de ti de la manera que sea apropiada. Entonces, asumirás una conciencia divina que dice: "Lo que sea que suceda estará bien".

Si haces temblar a la gente, es posible que eso sea lo que ellos necesitan en ese momento, y que tú seas el que está trayendo presente al Espíritu, lo que les permitirá a ellos crecer para alcanzar una conciencia más elevada y puedan deshacerse así de lo que sea que los haya estado bloqueando. Si algo que ves o escuchas te hace temblar, sea físico, emocional o mental, **ésa** es el área que debes revisar porque puede estar impidiéndote llegar a tu Ser. Acomételo con gran devoción y fervor. No te rindas hasta que no seas capaz de manejar la situación con una actitud neutral, no sólo con una conciencia capaz o competente, sino con una conciencia de maestría. Luego, será más fácil manejar el segundo y el tercer aspecto porque estarán puestos en fila para ser superados. Resolver la primera situación puede ser realmente difícil. Después de eso, todo es fácil.

Las verdades son todas universales. "Busca primero el reino de Dios", es realmente el mensaje más profundo que yo pueda expresarte. **Busca primero el reino de Dios. El reino de Dios está adentro. El Padre habita en Su Cielo. Tú eres aquel ser espiritual que has estado esperando. Tú eres el Prometido.** Ese Espíritu que eres **tú**, sale al mundo para hacer que las cosas funcionen. Es por eso que cuando recurres a otra gente o a maestros, tienes dificultades para lograr que tu vida funcione. Tú, tú mismo, eres Aquel que se Prometió. Y eso no está fuera de ti. No vive en nadie que esté fuera de ti. Tienes que conectarte con tu Ser para hacer que tu vida funcione.

En esta Nueva Era tienes una infinidad de oportunidades para acceder a las cualidades superiores. Mantén el entusiasmo en todas tus actividades. Anticipa la dicha en todo momento y siempre agradece por todas tus bendiciones. Ser agradecido significa estar consciente de que Dios está presente por entero a cada momento de tu vida y que no tienes que ir a ningún lado para experimentar la gloria de la presencia de Dios. Cuando estás en ese estado de conciencia y cooperación, todo fluye hacia ti y experimentas una sensación de elevación y de paz. Lo hermoso de esto es que puedes tomar una dirección positiva en todo momento y la dicha estará completamente presente para ti.

Cuando la dicha del Espíritu está presente, no puedes dejar de hacer buenas obras. Tu actitud de cooperación es total. Tu amor se manifiesta, tu Luz irradia hacia el mundo, te pones al servicio de todos aquellos con quienes te encuentras. Difundes la conciencia de la Luz donde quiera que vayas. Tu sola presencia produce equilibrio y alegría en la gente, y no tienes que decir nada. La Luz pasa a través de ti hacia los demás y les brinda lo que es necesario y beneficioso para ellos. Vivir en la gracia y mantenerse conscientes del Espíritu adentro es un bello servicio. Si no haces más que eso, serás una Luz para este mundo.

Al elevarte
conscientemente
hacia el nivel del Alma,
tu expresión responsable se
vuelve más clara.

Eres Responsable de Ti Mismo

Capítulo Seis

Eres mucho más que un "atado de huesos" que llevas a cuestas, como me dijo una vez un amigo. La conciencia interna de Dios, a través del Alma, usa el cuerpo físico para expresarse en este planeta. Y eso convierte al ser humano en alguien muy especial. La conciencia de Dios está presente en todos. El Espíritu está presente con todos. El Espíritu fluye, aunque de manera diferente, a través de los fumadores de cigarrillo, los consumidores de marihuana, los alcohólicos, los que beben Coca-Cola, los que toman leche, los que comen carne, los vegetarianos, los que se alimentan de frutas, y aquellos que lo único que hacen es ayunar por largos períodos de tiempo. Sin embargo, el mismo Espíritu está presente en todos. Y la conciencia de Dios aflora a través de cada uno de ellos. Si pudieras tener un solo pensamiento en tu mente y lo mantuvieras allí de manera constante, te encontrarías contemplando el rostro de Dios. Ese pensamiento único sería: **Dios** es.

Todo lo que existe es parte de Dios. Todo tiene vida y movimiento. Algunas partes de Dios tienen más conciencia de ese Ser Dios que otras. Un gato tiene más conciencia que una roca; un hombre, más que un gato. Pero cuando se usan instrumentos científicos modernos, se comprueba que aun aquellas cosas que parecen inanimadas, están hechas de partículas en movimiento.

A veces, una "sensación" que te cuesta percibir con los sentidos físicos, la rotulas como "insensata" o "sin sentido" y la descartas por considerar que no merece atención. Gran parte de tu responsabilidad en este planeta es **escuchar** lo que se te dice, prestar atención a quién lo dice y, luego, poner en práctica la información que se te ha dado. Si te funciona, úsala. Hazla parte de tu forma de vida. Si no te funciona, déjala ir. O guárdala hasta que te sea útil más adelante. Cuando escuches algo que te parezca sin sentido, no tienes que rotularlo como insensato, malo, malvado, o cosas por el estilo. Simplemente entiende que no es importante para ti en ese momento, y ábrete a la posibilidad de que la persona que te dio dicha información tal vez vea la vida desde una perspectiva muy distinta a la tuya. No tiene que definirse como normal o anormal, como común y corriente o extraño, o como otra cosa.

A menudo, tratas de que las demás personas sean exactamente como tú. Rotulas, categorizas y encasillas para tener tu universo bajo control de una manera ordenada y hacer con él lo que quieres. La gente "normal", a veces, permite que esto suceda. La gente anormal podría decir: "¡Oye! No puedo respirar tu aire y digerir tu comida. Eso tienes que hacerlo tú. Y yo respiraré y digeriré como sienta que debo hacerlo". Ahora bien, ¿eso es anormal o normal?

Cada vez más gente está aprendiendo a asumir responsabilidad por sus actos. Poco a poco se vuelve más difícil endosarle tus dificultades a otro y decir: "Mi sufrimiento es culpa tuya". No; tu sufrimiento es sólo elección tuya. Pero tu dicha también es elección tuya. Esas opciones y toda la gama intermedia están a tu disposición en todo momento. Con demasiada frecuencia permites que el estado pasajero de tu cuerpo falsee quién eres internamente. Si tienes dolor de cabeza, podrías parecer como si fueras un poco enojón y mordaz. Si tienes una molestia estomacal, tal vez parezcas malhumorado y gruñón. Y si no duermes ocho horas en la noche, al día siguiente podrías estar irritable y de mal genio. El mismo cuerpo, cuando ha descansado y se siente bien, puede ser muy amoroso, tierno, generoso y abierto al mundo. ¿Cuál eres tú? ¿Cuál de ellos es el real? ¿Es posible desentenderse de los estados pasajeros de desequilibrio en el cuerpo o en las emociones y seguir expresando al ser amoroso que eres?

Si miraras tu vida y cómo ella se expresa desde una conciencia superior, verías que no hay necesidad de juzgar. No percibas con la **imaginación**: tu vida no es lo que imaginas. No percibas con tus **emociones**: tu vida no es lo que sientes. Puedes comprobarlo porque puede que te estés sintiendo terrible pero recibes una llamada de tu mejor amigo y empiezas a sentirte de maravilla, todo en el transcurso de unos cuantos minutos. Así que tu vida no es tus emociones. Eleva tu percepción más arriba del nivel **mental**. Tu vida no es tus pensamientos. Piensas toda clase de cosas. Si tu vida fuese cada pensamiento que tienes, probablemente estarías en un estado de confusión. Eleva tu percepción más arriba del reino del inconsciente **etérico**. A medida que eleves tu percepción lo suficiente, verás que las cosas sólo son.

Tu vida es lo que es. Cualquiera que sea tu forma de expresión está bien, porque es una expresión de tu conciencia. Si fumas, eso no significa que seas malo. Significa que esa acción está satisfaciendo algo dentro de ti en algún nivel. Cuando encuentres una manera diferente de satisfacer y llenar ese algo, podrás dejar de fumar. No tienes que juzgarte por lo que parece ser una expresión negativa. **Y** puedes poner atención y elegir expresiones que manifiesten de una manera más cómoda y real al ser interno que sabes que eres.

De hecho, nunca le das completamente la espalda a la Luz para sumergirte en la oscuridad. Puede que te coloques donde la Luz alumbra un poco menos, una expresión de la Luz inferior a la que es posible para ti. Y cuando haces eso, podrías ver un montón de sombras y tal vez esté algo oscuro y sombrío. Sin embargo, hay Luz en todas las manifestaciones de Dios, en todos los universos. La mente, el cuerpo, las palabras y las emociones están tan lejos de ser perfectas que, a veces, es una maravilla que nos levantemos de la cama en las mañanas y regresemos a salvo por la noche. Si eso no requiere de una forma de conciencia de Dios, no sé qué lo requeriría.

Son tantas las veces que has dicho: "¡Dios mío! Nunca podré superar esto. No soy capaz de manejarlo. No lo sobreviviré", pero lo haces. Te mentías a ti mismo porque estás aquí. Es mejor que asumas el hecho de que vas a seguir viviendo tu vida como sea que la crees para ti, que vas a continuar atravesando las cosas necesarias para tu crecimiento y elevación, que vas a seguir manejando lo que sea que te atraigas y que vas a seguir expresando la conciencia de Dios que eres, asumiendo una expresión cada vez más perfecta del Dios interno. Así es, simplemente.

Verifica las Cosas

¿Sabes cuál es la diferencia entre un optimista y un pesimista? Hay un cuento que dice que colocaron a dos niños en dos cuartos llenos de estiércol. Un par de horas más tarde, alguien pasó a supervisar lo que hacían: un niño estaba llorando y se quejaba del olor y la vista del estiércol, y su "terrible" destino de estar encerrado en el cuarto, y el otro sonreía feliz y paleaba el estiércol tan rápido como podía. Cuando le preguntaron por qué estaba tan contento, dijo: "Con todo este estiércol, tiene que haber un poni en algún lugar cerca de aquí".

Nosotros, los optimistas, reconocemos que la siguiente cosa buena está a punto de llegarnos. Si quieres ser un optimista, si quieres que tus energías sean elevadoras, si quieres vivir tu más alto potencial de dicha y realización, entonces tienes que prometerte que, desde este momento en adelante, te volverás más y más consciente de lo que estás haciendo **ahora**.

Cuando vives en el **ahora**, puedes tomar conciencia total del momento. Tomas conciencia de tu cuerpo. ¿Deberías haber colgado tu ropa? Si es así, pon tu cuerpo físico en movimiento y cuélgala **ahora**. Si no lo haces, en una hora más seguirá allí, esperando que la cuelgues **ahora**.

Tal vez hayas orado por tener un trabajo mejor. Pero puede que no lo consigas porque te está bloqueando el que seas tan desordenado. Si no puedes manejar tus responsabilidades adecuadamente **ahora**, ¿cómo puedes esperar manejar responsabilidades más grandes? Así que, toma conciencia de las responsabilidades que tienes físicamente y cumple con ellas. Prepárate físicamente para completar lo que dices que vas a completar.

Al ir incrementando tu conciencia del **ahora**, revisa el nivel de tus emociones. No eres responsable de los sentimientos pasados ni de posibles sentimientos futuros. Tu responsabilidad es con el **ahora**. Todo lo que tienes que hacer es aceptar tus emociones en el momento, trabajar con esa estructura presente, dejar ir todo continuamente y avanzar libremente hacia el momento que sigue. Este método se encarga automáticamente de los sentimientos pasados, ya que siempre te mantienes al día. Todo es **ahora**. Ningún momento de conciencia no es **ahora**.

El próximo nivel en el cual enfocas tu conciencia es el nivel de la mente. ¿Qué pensamientos estás sosteniendo **ahora**? ¿A dónde te están conduciendo?

Para llevar a cabo una acción que sea satisfactoria y te haga feliz, necesita haber concordancia entre pensamiento, sentimiento y respuesta física. Cuando esas tres áreas concuerdan, si **actúas** el resultado será exitoso. A menudo, los fracasos se producen cuando intentas actuar y las tres áreas no están en armonía. Por ejemplo, en una conversación contigo mismo, tu mente puede decir: "Esto me parece correcto de hacer". Pero si actúas basado sólo en lo que piensas, puede que termines aislado en tu torre de marfil en algún lugar, reprimiendo las cosas con las que no quieres lidiar, inventando explicaciones intelectuales para justificar tu posición, pero sintiéndote muy inseguro respecto a la validez de esa postura.

Un pensamiento sin un sentimiento, está medio vivo. Por ejemplo, si te surge el pensamiento: "Sería una buena idea regresar a la universidad y sacar mi título", revisa cómo te sientes al respecto. Debes tener un sentimiento que concuerde con ese pensamiento. Si estás feliz con tu trabajo y tu estilo de vida actual, puede que sientas que la idea de regresar a la universidad te produce sentimientos encontrados, tal vez algo de duda, quizás mucho "cosquilleo" en el estómago. Podrías modificar ese pensamiento un poco: "Sería una buena idea pedir un permiso sin sueldo en mi trabajo en seis meses más y volver a la universidad". Ve cómo te sientes ahora: "¡Me siento mucho mejor!". En seis meses, le preguntas a tu jefe respecto a un permiso sin sueldo, ves cómo te sientes al respecto y tal vez descubras que **ahora** te sientes muy bien de poder regresar a la universidad. Ahora sí que tus pensamientos y tus sentimientos concuerdan. Luego, chequeas el nivel físico. El cuerpo dice: "Sí, puedo manejar ese cambio en mi estilo de vida; de hecho, podría ser hasta divertido". Ahora hay concordancia de pensamiento, sentimiento y respuesta física. Y la acción seguramente estará clara. También tienes que considerar al Espíritu, pero si todos los otros niveles dicen "adelante", generalmente estará claro en el Espíritu.

Cuando has verificado todos tus niveles, encontrando que están "despejados" y, luego, actúas en consecuencia, puede seguir habiendo gente que te diga: "¡Qué estúpido! ¿Te das cuenta de lo que hiciste?", y tu respuesta será sin lugar a dudas: "Sí, sé lo que hice. Lo medité durante seis meses, vi lo que sentía durante cuatro semanas, actué físicamente, completé el nuevo patrón y me siento claro con respecto a la acción". Si ellos insisten: "¿Sabes que le estás produciendo preocupación a un montón de gente?", tu respuesta puede ser: "No, no lo sabía, pero si la gente se preocupa, me ocuparé de eso cuando la gente me lo diga a mí". De esa manera, permaneces fiel a ti mismo y a lo que hiciste, y sigues siendo responsable de ti mismo.

Tienes mayor claridad cuando actúas con consideración y máxima conciencia. Y si hay consecuencias, asumes la responsabilidad por ellas y sigues adelante. Eso es todo lo que puedes hacer. No hay razón de sentirte nervioso o culpable respecto a alguna acción si la has verificado antes y la has emprendido de manera consciente. Haces lo que puedes basado en lo que sabes, en lo que sientes y en dónde te encuentras. Luego, lo dejas ir y partes desde allí.

Vivir en el **ahora** significa estar involucrado en un proceso continuo en el cual recibes e integras información nueva, reconoces estados emocionales nuevos y cambiantes, tu estado físico cambia y tomas nuevas decisiones basadas en las respuestas nuevas. Procesas esta nueva sabiduría, modificas tu comportamiento, llevas adelante tu experiencia, te pones en marcha y vas en pos de tu *éxito*.

Puedes encontrarte dejando ir lo que ha sido y enfocándote en lo que es. No puedes tener tu mente **en el ayer** ocupada con pensamientos de fracaso. No puedes tener tu mente **en el ayer** ocupada con pensamientos de éxito. De cualquiera de las dos formas, si estás **en el ayer** tratando de vivir en el pasado, estás manifestando tu falta de conciencia del momento presente.

Cuando estás construyendo tu sueño ladrillo por ladrillo, colocas un ladrillo y entonces vas por el otro. No te quedas parado veinticuatro horas mirando el último ladrillo que pusiste. En veinticuatro horas podrías haber construido el muro entero.

El proceso del **ahora** es el proceso del Espíritu, el proceso del Alma. Aquellos que recorren el sendero espiritual, como lo enseña el Viajero Místico a través del MSIA, van hacia el Alma, hacia lo que es más grande y superior, hacia lo que es más digno y más ético.

Mientras más alto se eleva la gente en la corriente espiritual, más éticos se vuelven en su relación consigo mismos y los demás. Los efectos de la integridad y la integración son tan agradables. A veces, la gente puede confundir la **ética** de una persona espiritual con debilidad y pensar: "Puedo hacer lo que quiera porque puedo pisotearte sin problemas". Pero tal vez descubran que pisotearon una bomba atómica. Entonces, terminan confundidos, heridos, psicológicamente desequilibrados con relación a sí mismos, socialmente desequilibrados con los demás y personalmente fuera de equilibrio con sus familias.

Cuando sientas ganas de regañar a alguien, verifica tus niveles. ¿Es emocional la reacción? Si lo es, chequea que no exista un intelecto detrás de todo, una razón lógica y válida para tu disgusto, y no una razón inventada para justificar tus emociones. Si hay una reacción emocional y una razón válida, ve cuales serían los resultados de una respuesta física. Si eso también dice "adelante", expone tu punto de vista sabiendo que serás responsable de los efectos que eso produzca. Si haces todo eso, estarás claro.

Si renuncias a tu conciencia del **ahora** y actúas sin que haya **concordancia** entre tus pensamientos, emociones y acciones físicas, puedes meterte en graves problemas. Si amonestas a otra persona cuando podrías haberte quedado callado y sostener la conciencia de Luz por ella, te creas problemas.

Te separas de tu realidad cuando pierdes conciencia del **ahora** y de la responsabilidad que tienes hacia él, hacia el momento presente. Y en esa separación, puedes crear tu propio infierno. Entonces, conocerás tu Alma sólo por el reflejo de aquéllos que conocen el Alma, más que por propia experiencia.

La conciencia puede caer en patrones de extrema irresponsabilidad que la separan de su propia realidad, de su conocimiento de Dios y crean un auténtico infierno. El abuso de cualquier patrón negativo puede producir separación.

Edúcate a Ti Mismo

Años atrás, trabajaba yo con un estudiante, y le explicaba el concepto de que sucede mucho más de lo que se puede percibir desde el nivel físico. De cierta manera, él ya tenía alguna noción de los otros niveles, porque se había metido en drogas uno o dos años antes.

Una mañana, después de haber consumido ácido, vino a verme. Vi que se había agarrado una entidad, una forma elemental de conciencia poseedora de inteligencia, pero carente de cuerpo a través del cual expresarse. Dijo: "Anoche me pegué un viaje". Contesté: "Sí, sé que lo hiciste". Continuó: "¡Hermano, sí que me volé!". Le pregunté: "¿Qué hiciste? ¿Tomaste ácido?", y respondió: "Sí. Y me volé mucho, mucho, hermano". Dije: "¿Y?", a lo cual contestó: "Aún sigo volado". Agregué: "Sé que no has vuelto y lo que es más, tienes compañía". Exclamó: "¡Lo sabía! Me agarré algo, ¿no es así?". Contesté: "Sí". Esto era algo aterrorizante para un chico que apenas podía deletrear su propio nombre. Dijo: "Nunca pensé que esto me pudiera pasar a mí". Eso es lo que **todo el mundo** dice.

Lo que sucedió es que él renunció a su responsabilidad con su propio cuerpo. Lo estaba maltratando y lo había dejado de cuidar. Hacia estos viajes inducidos por drogas más o menos regularmente. Su conciencia despegaba hacia otros reinos dejando el cuerpo abierto a lo que llegara.

El chico preguntó: "¿Qué voy a hacer ahora?". Le contesté: "Bueno, pueden pasar varias cosas. Una, es que esta entidad se vaya. Pero está ahí: pudo entrar, así que no va a tener ningún deseo de irse. De modo que otra alternativa probable es que se quede ahí mismo dónde está. Y la tercera alternativa es que puede apoderarse de ti. Puede tomar posesión de ti y entonces estarás bajo su control y no bajo el control tuyo".

Podrías preguntarte cómo pudo suceder una cosa así bajo la voluntad de Dios y la Ley Divina. Fue posible porque el chico renunció a su responsabilidad y derecho a ese cuerpo. Ese cuerpo también es parte de la voluntad de Dios y la Ley Divina. **Tú** eres tu responsabilidad, incluido el nivel de tu cuerpo físico. Se ha dicho: "Sé leal a ti mismo". Esta idea es importante. No puedes cederle tu responsabilidad a ningún agente externo. Los agentes externos en este caso fueron el ácido, la marihuana, las píldoras, el pegamento y otras drogas.

Así que el chico preguntó: "¿Qué me va a pasar?". Contesté: "La forma que está contigo seguramente reducirá su presión. Dejará de molestarte para no ser obvia para ti y que no sepas que está ahí. Entonces, te impulsara hacia tu patrón de deseo de tomar ácido otra vez. Creará una sensación que diga: "¡Ah! Fue algo sin importancia. Ahora estás bien, no te preocupes", y continuará urgiéndote para que vuelvas a consumir drogas, lo cual te hace renunciar a la dirección de tu conciencia. Continuará entrando un poco más hasta que se convierta en el patrón asertivo y, luego, sencillamente hará todo lo posible para deshacerse de ti".

Cuando una entidad entra y se apodera de un cuerpo, la conciencia original puede ser expulsada. En tal caso, la conciencia del chico podría haber sido separada de su cuerpo y su conciencia alejada de él. Pero como tenía karma con ese cuerpo, si separaba su conciencia prematuramente, no podría ir a ningún otro cuerpo ni a ninguna otra dimensión. Quedaría atado a la Tierra. No sería capaz de hacer nada, excepto vagar cerca del cuerpo y lamentarse tristemente en la oscuridad. No habría nada más que oscuridad. No sería capaz de progresar de manera natural en su conciencia y su Espíritu. Luego, al morir, su conciencia sería liberada para que pudiera viajar al reino al que tendría que ir para completar su karma. Y eso, por supuesto, estaría bien. En última instancia, cualquiera de los dos caminos estaba bien. Uno requiere de más tiempo que el otro y tal vez pueda ser **más difícil** de manejar para la conciencia.

Hablamos de la responsabilidad que él tenía consigo mismo y dijo: "Muy bien, comprendo. Dejaré de tomar ácido. Sé lo que está pasando. Lo entiendo". Yo le dije: "En realidad, aún no sabes lo que está pasando, porque ya se te había dicho que te iba a ocurrir esto. Se te sugirió antes que te mantuvieras alejado de las drogas por la posibilidad de perder el control de ti mismo". Él había escuchado las palabras, pero todavía no las comprendía.

La entidad podría haber sido sacada, ser forzada a abandonarlo de una manera bien rápida por medio de la Luz y el poder del Espíritu. Pero a menos que educara a su conciencia, la brecha reaparecería y caería en el mismo patrón, o en patrones similares una y otra vez. Por eso es que la Biblia dice que cuando sacas una entidad, siete más pueden ocupar su lugar. La conciencia tiene que cambiar para que pueda mantener su dirección y no permita que la entidad asuma el control.

El chico se había dado cuenta cuándo la entidad había ingresado. Dijo: "¡Me asusté mucho!", y luego agregó algunas palabras bastante profanas que no eran comunes en él. Agregando: "¿Ves? ¡Así lo hace! **¡Así!**"; yo simplemente lo miré. Otras personas entraron y escucharon la irreverencia; lo quedaron mirando y dijeron: "¡Oye, ¿qué te pasó?!". Se habían dado cuenta de que la Luz no lucía muy fuerte en él, que algo andaba mal, que algo había cambiado. Yo podía **ver** la entidad que él tenía y ellos **percibían** que algo era distinto.

Es importante reconocer que la entidad que había entrado se sentía con derecho de poseer ese cuerpo para completar algunas cosas necesarias para su propia evolución, porque el chico, debido a sus actos e irresponsabilidad, había renunciado a su cuerpo. La entidad había visto el patrón de drogas, había hecho contacto con la conciencia y, posteriormente, cuando la conciencia estuvo lejos, cuando hubo dejado el cuerpo desprotegido, la entidad entró.

Trabajé un poco con el chico esa mañana trayendo la Luz presente muy de a poco, sólo para estabilizarlo pero no para sacar la entidad. Al explicarle las cosas, se asustó mucho y resolvió no volver a experimentar con drogas nunca más. Pero regresó después del almuerzo y dijo: "¡Oye! La entidad ya no está". Le pregunté: "¿Cómo así?", y él contestó: "No la siento. Se fue". Le dije: "No. No se ha ido". Él dijo: "Sabía que no lo había hecho, que me estaba engañando. Creí que se había ido e iba a fumar marihuana. Pensé que podría hacerlo y salirme con la mía. Puedo, ¿verdad?", y yo le contesté: "Haz lo que quieras. Ya sabes cuál es la intención de la entidad. Se te explicó. Nada ha cambiado. Sólo porque tú cambies de opinión, eso no significa que ella haya cambiado la suya. Está ahí, se va a quedar ahí. Tienes que vigilarla".

Se le dijo que desde ese momento en adelante, no podría hacer nada que cediera su conciencia, su dirección consciente a nada externo a él: ni fumar un cigarrillo, ni beber una cerveza, ¡nada! Le dije: "No puedes ni siquiera permitirle a tus amigos que te ayuden a tomar una decisión. Si tomas una decisión errónea, por lo menos será tuya. Tienes que ratificar tu derecho a decidir, bien o mal. Si dicen: "No vayamos a clase", y tú lo haces, es lo mismo que entregarte al ácido, porque estás cediendo tu control". Así que ese día fue a clases. Más tarde, dijo: "Sabía que tendría que "apretarme el cinturón" y que tenía que hacer algo". Había comprendido que este proceso de **renunciar** era parte de lo que tenía que superar en su patrón de vida.

Esa noche estuve proyectando la Luz hacia él, enviándola para su bien mayor. A la mañana siguiente llegó luciendo tanto mejor. La entidad había sido expulsada, pero seguía rondándole. Me dijo: "Anoche estuve pensando en ti y en las cosas que me dijiste y me puse realmente furioso, porque sabía que tú habrías podido sacarme la entidad y no lo hiciste. Pero de repente, simplemente me senté como me dijiste que lo hiciera, me concentré en ti y pensé: "Sé que puedes retirar esa cosa, así que ¡hazlo!", y algo llenó todo el cuarto y me rodeó y comencé a sentirme mucho mejor". Dije: "Ésa fue la Luz que te estaba enviando". Como él no sabía muy bien qué hacer ahora, sólo le dije: "Sigue respirando simplemente", y él estuvo de acuerdo en hacerlo.

Era importante educar su conciencia, explicarle qué estaba pasando, exponerle lo que podría hacer para prevenir que le sucediera este tipo de cosas. Era importante explicarle los patrones de hábito que había creado internamente y a dónde lo estaban conduciendo. Y en ese momento era importante no sacarle la entidad, sino mostrarle cómo podía remover la entidad él mismo, aprendiendo al asumir la responsabilidad de sí mismo y de sus actos y cuidarse. Es fácil rendirse, es fácil ceder tus derechos y tu conciencia. Pero más adelante tendrás que enfrentarlo y recapacitar en tus niveles de responsabilidad y hacer algo al respecto. Cuando asumes la responsabilidad de ti mismo y superas las pruebas que se te ponen, cuando puedes aprender de las experiencias que se te presentan, estás en condiciones de ser elevado muy alto en tu conciencia y enriquecer enormemente tu crecimiento espiritual.

Evalúa tu Información

La irresponsabilidad puede manifestarse como abuso de cualquier patrón negativo. Beber en exceso conduce a ceder el control consciente de tu vida y a evitar la responsabilidad que tienes contigo mismo. La dependencia excesiva de otro ser humano, ya sea la pareja, el amante, los hijos, el padre, puede crear una propensión a renunciar a la responsabilidad que tienes contigo mismo. El ejemplo de abusar de las drogas es muy obvio, pero a menudo tratas con niveles de irresponsabilidad que son mucho más sutiles. Es sabio mantener el control de tu vida, de tus elecciones y de tus decisiones. En última instancia, tú eres el único que puede decidir el curso de tu vida y el único responsable de lo que suceda. No trates de que otra persona tome las decisiones por ti. Tienes que aprender a leer las señales que tu universo te da. Aprende a observar y a seleccionar; a eso se le llama discernimiento.

A veces, puede que te sientas incapaz de seleccionar entre todos los datos que te llegan para tomar una buena decisión. Pero, ¿qué opción tienes? ¿Vas a elegir cederle tu responsabilidad a otro? Es como ir a una empresa de computadores y hacerle una pregunta al computador. Tras el debido lapso de tiempo, tal vez treinta segundos, sale una tarjeta perforada que tiene la respuesta. El experto en computación te la entrega y dice: "Ahí está tu respuesta". La miras y dices: "¡Vaya! Agujeros perforados en una tarjeta", porque eso es todo lo que puedes percibir. Ésa es tu visión física.

Si consigues a alguien que esté entrenado en leer la tarjeta puede que te diga: "Dice esto y esto y esto". Tú la miras y le preguntas: "¿Cómo pudiste obtener toda esa información de unos cuantos agujeros perforados en una tarjeta?", y el experto puede que te ofrezca enseñarte a leerla y te muestre un par de códigos sencillos.

Al día siguiente, regresas y le haces otra pregunta al computador y éste te entrega otra tarjeta. Tratas de leerla y exclamas: "Los agujeros están en lugares distintos. No puedo leer esta tarjeta, aunque puedo leer la tarjeta de ayer". Entonces tu profesor de computación te dice: "Está bien; lee la que leíste ayer", y tú lo haces muy bien, excepto por unos pocos errores. El profesor te corrige los errores y te explica el significado correcto. Dices: "Cierto. Lo había olvidado. No me fijé bien mentalmente y tampoco revisé mis notas antes de ir a casa. La verdad es que no hice mi tarea, así que no estoy muy seguro de las respuestas. Ayer sonó tan sencillo cuando me lo explicaste". Y el profesor agrega: "Déjame mostrarte cómo leer la segunda tarjeta", y te lo explica. Dices: "¡Ah, ya veo! Ahora entiendo cómo se relaciona con la primera. Eso tiene sentido".

Al día siguiente, vuelves con otra pregunta; treinta segundos después sale otra tarjeta con más agujeros y de nuevo son agujeros distintos. Pero tal vez para entonces ya estés comenzando a ver el patrón. Dices: "Este agujero es como este otro. Es la letra F, ¿cierto?", y es posible que tu profesor diga: "Cierto". Exclamas: "¡Bravo! Estoy progresando porque pude identificar una F entre todas las letras". Y tu profesor te explica lo que está pasando, que puedes llevarte tus tarjetas a casa y estudiar el código para que cuando salga la siguiente tarjeta puedas llevártela a casa y trabajar para decodificar los agujeros en dicha tarjeta. Muy pronto serías capaz de leer las tarjetas tú solo, sin ayuda. Eso es ser responsable de tu propio crecimiento.

Es el mismo proceso que se da en la búsqueda espiritual. Debes responsabilizarte de tu crecimiento espiritual. Antes de eso estarás dependiendo de otro. Podrías enfurecerte y decir:

"¿Por qué no soy capaz de leer los agujeros en la tarjeta? ¿Por qué no puedo hacerlo?", y tal vez tu profesor conteste: "Si siguiéramos trabajando con la misma tarjeta varias veces podrías leerla, pero cada vez tenemos que hacer modificaciones dado los cambios específicos que el computador está haciendo". Esto en realidad se relaciona con los patrones de reencarnación que cada persona atraviesa. Si regresas las veces suficientes, tal como esa primera tarjeta, como esta conciencia, aprenderás a leerla muy bien. Dirás: "¡Bravo! Puedo leer este patrón ¡Puedo manejarlo!". Después de haber resuelto los suficientes patrones tendrás muchas, pero muchas más respuestas que la persona que ni siquiera sabe que los computadores existen, sin mencionar el hecho de que el computador arroje continuamente nuevas tarjetas.

Puedes tomar una tarjeta del computador y decir: "No sé lo que dice aquí", así que le preguntas a alguien más a ver qué dice, y esa persona responde: "Dice esto, eso y aquello". Te la devuelve y le dices: "Muy bien. Si tú dices que es así, así debe ser". Entonces, aparecen otros que preguntan por el significado de sus tarjetas y esa misma persona responde de manera similar, y de repente te das cuenta de que esa nueva persona tiene su propio "código de lectura" con el cual todas las tarjetas se leen de la misma manera. Así es como muchas de las religiones ortodoxas comenzaron a establecerse en nuestras vidas: sin importar qué agujeros fueran, se leían de la misma manera.

Más adelante, por causalidad te encuentras con alguien que trabaja con computadores y te comenta: "¡Ah! Ellos tenían las primeras catorce letras bien, estaban absolutamente correctas, pero las otras cuarenta y cinco las interpretaban incorrectamente. Te dieron información errónea". Entonces, puede que el programador te diga: "Te voy a dar una tarjeta y la perforaremos en esta máquina para que puedas ver cómo se perfora. Ahora tienes la información correcta. Llévasela a la persona que te ha estado leyendo las tarjetas y pídele que te lea ésta. Sabes cómo fue perforada, así que sabrás qué tan correctamente la lee y serás capaz de evaluar de nuevo qué tan acertadas son sus observaciones en general".

Este proceso de revaluación se está dando en muchas religiones alrededor del mundo. Ha llegado el momento de volver a revisar las cosas. Cuando de hecho comienzas a leer la tarjeta tú mismo, descubres que cosas que te dijeron una y otra vez no fueron interpretadas con la suficiente precisión para ti. Cuando eres responsable de ti mismo, confías en tu propio conocimiento, en tu propia experiencia y comienzas a leer las tarjetas solo. Sí, tal vez leas algunas incorrectamente, pero sigues avanzando y aprendiendo y aumentando tu destreza.

El hecho de que la información sea incorrecta, no es error de los que leen las tarjetas para ti. No es una falla de las religiones ni de los hombres religiosos. La falla, si es que la hay, está en que tú mismo no leas las tarjetas, eso es responsabilidad **tuya**. Es tan fácil endosarle la responsabilidad a otros y decir: "Bueno, la culpa es de ellos". Recuerda, no importa qué tanto señales con el dedo a alguien, los otros tres dedos te estarán señalando a ti. Así que tienes que ser muy cuidadoso cuando tratas de culpar o juzgar. En última instancia, tú eres responsable de ti mismo.

A medida que tu nivel de responsabilidades crece, empiezas a notar una cierta cualidad de madurez dentro de ti. Y cuando empiezas a confiar en ti mismo y no andas buscando la aprobación y la validación de otros "allá afuera", descubres una sensación creciente del "ser" dentro de ti. Es la activación del Alma que despierta a su propia naturaleza superior. Al elevarte conscientemente hacia el nivel del Alma empiezas a asumir una expresión de responsabilidad más clara, ves la Luz con mayor nitidez y te resulta más fácil pasar más allá de los niveles de la mente, el cuerpo y las emociones: te **conoces** a ti mismo de una manera más clara y pura.

Cuando estás en el Alma, ves los escollos y los obstáculos de tu vida en esos niveles inferiores con mucha más claridad. Experimentas un amor y una unidad con otras personas, los que superan cualquier cosa que hayas sentido antes. La manera de conocer al Alma es estando abierto a la posibilidad de que ella exista, aceptando la posibilidad de que seas más que tu cuerpo, tus pensamientos y tus sentimientos. No tienes que creerlo, ni tampoco tienes que tener fe. Sólo ábrete a la posibilidad de que ella exista y muy pronto comenzará a llegarte más información. Tal vez recuerdes algo de algún sueño y se lo cuentes a alguien y descubras que esa persona tuvo el mismo sueño. Podrías estar teniendo dificultades para tomar una decisión y durante una contemplación en silencio ver la decisión tomada, experimentando incluso el resultado de tu elección, y volver **sabiendo** lo que tienes que hacer. Súbitamente, puedes encontrarte en dos lugares a la vez y saber que estás experimentando la Trascendencia del Alma.

Todas estas cosas podrían representar sólo el comienzo de tu experiencia del Alma. Hay tanto para ti una vez que te abres a ello y emprendes este sendero de desarrollo. Es maravilloso, y todo es una manifestación del **amor**. El amor es la matriz que hace que todo sea posible; es la energía del Espíritu que es la esencia. Y es a través del amor a ti mismo que encuentras el Alma y aprendes que su expresión es tu realidad.

Sólo existe un Alma y es Dios. Sólo existe un amor y es Dios. Sólo hay un intelecto y es Dios. Sólo existe uno y es Dios. Somos manifestaciones de Dios en cualquiera sea el nivel en que nos expresemos.

Me llaman el Viajero Místico, pero respondo a todo nombre y a toda forma. El Viajero es una forma que no es posible coartar. Es totalmente libre y totalmente del momento, y como es libre y del momento, crea salud, riqueza y felicidad en el mundo físico. El Viajero Místico es eso y no necesita nada más que lo que es. El Viajero comparte todo eso libremente contigo desde el Espíritu. El Viajero te da las llaves para descubrir tu propia salud, riqueza y felicidad. Debes recibir las llaves a cada momento, porque son distintas de momento a momento.

La presencia de Dios está dentro de ti manifestándose como algo nuevo a cada momento. No es tus emociones, ni tu mente y tampoco tu cuerpo físico. Es el Espíritu expresándose a través de esos niveles, pero siempre es más que eso. Estás sentado justo en el borde de la conciencia del Alma y está tan cerca de ti. Está en todo momento allí. A cada momento te da una nueva oportunidad para que descubras esa conciencia.

Estás viviendo en el Alma cuando vives en el presente y libremente. Deja ir todo momento en cuanto pase. Despréndete de esta Tierra, de los recuerdos del pasado, de las expectativas sobre el futuro. Haz todas las cosas que te proporcionen salud, riqueza y felicidad en un estado desprendido, y deja ir todo lo demás.

Te convertirás en una fuerza elevadora para todos los que encuentres, si convives con tus congéneres con equilibrio y gracia.

Cuida de Ti Mismo

Capítulo Siete

Me gustaría hablar un poco sobre la "ecología espiritual". Se refiere a la ecología de darte mantenimiento a ti mismo primero y luego al mundo que te rodea. Espiritualmente tienes la responsabilidad de mantener todo lo que tengas y todo lo que toques. Es tarea tuya darle mantenimiento, porque todo es Espíritu. El Espíritu está en todas partes; siempre lo ha estado y siempre lo estará.

Ecología espiritual significa mantenerte limpio en todos los niveles: físico, emocional, mental y espiritual. Debes vigilar dónde colocas tu mente para que no expreses pensamientos desagradables hacia nadie. Debes vigilar dónde pones tus emociones para que no te descargues con nadie. Y debes vigilar dónde pones tus palabras para que no "descuartices" a nadie sin querer. Debes prestar atención a todos tus niveles internos primero y luego a tu ambiente exterior. Pueden ser cosas tales como guardar los zapatos ordenados en el closet y hacer la cama, mantener tu carro y los ceniceros limpios. Las cosas pequeñas pueden ser muy importantes.

Eres un universo en ti mismo y responsable por ti. ¿Qué estás haciendo con tu universo, con tu ser interno? Si el **Dios** del mundo exterior te tratara a ti como tú tratas a tu propio ser interno, tal vez habría más terremotos y cataclismos de lo que puedes imaginar.

Por todas las cosas que has creado, podrías verte inundado de tanto material tóxico que de hecho terminaras sintiéndote enfermo en el cuerpo. Y eso sucede por cómo te tratas a ti mismo, bien sea abusando del cuerpo físicamente, menospreciándote emocionalmente, confundiéndote mentalmente o muriendo de hambre a nivel espiritual. Trátate mejor. Dios habita dentro de ti en la esencia de Su Espíritu. Y tienes la responsabilidad de mantener limpio tu propio universo como co-creador con el Dios interno.

Es fácil ver polución en el mundo exterior. Si miras a tu alrededor está por todas partes. Yo no soy de los que ponen énfasis en el mundo físico, pero realmente es hora de que los portadores de la Luz del Planeta, los guías espirituales comiencen a derramar la Luz de la razón y la lógica donde quiera que vayan. Podemos dejar la Tierra física con una frecuencia más agradable que cómo la encontramos. Estas áreas de responsabilidad se aplican a todos. Una de las razones por las cuales el mundo se encuentra en las condiciones actuales es porque mucha gente le "saca el cuerpo" y dice: "Eso no es conmigo". La ecología espiritual se aplica a todo el mundo — **sin excepciones**.

Todos, provenientes de cualquier lengua y de cualquier raza, claman por la unidad del ser llamada "Dios". También ha sido llamada "Cristo", "Buda" y "Luz", y de muchas maneras más. No hace falta quedarse enredado en las palabras porque es todo Uno. Y cuando la gente conozca esta Unidad, se manifestará la gloria de este mundo.

Es responsabilidad de todos nosotros cuidar de lo que tenemos, mantenerlo en buenas condiciones y bello. Y cuando algo deje de ser útil, puede cambiarse por una forma que sí lo sea. En realidad es muy sencillo. Es de sentido común y se aplica por igual tanto a nivel individual como a nivel mundial. La contaminación es contaminación.

Si cada uno de nosotros colocase a nivel de las bases, que es el nivel en el que nos encontramos, todas sus energías de amor y de Luz en la preservación y el mantenimiento de lo que tiene, podríamos alcanzar el esplendor que alguna vez hubo hace mucho tiempo en este planeta llamado Tierra. Nosotros, los que estamos aquí ahora, tal vez no vayamos a disfrutar de los frutos de nuestra labor, pero conoceremos el bien por el cual estamos trabajando y para el cual nos estamos preparando. Y, por supuesto, al colocar nuestra conciencia en la Era de Oro, podemos estar allí ahora mismo. Somos el **puente** en conciencia y eso significa que a veces tendremos que meter las manos en el fango y **trabajar** para devolverle a este mundo la conciencia de gloria.

¿Serán todos capaces de ver la gloria cuando ella se manifieste? Espiritualmente puedes percibir cualquier cosa en dónde coloques tu conciencia. Las limitaciones sólo existen a nivel mental, emocional y físico. Las limitaciones se expresan como un nuevo dolor, una aflicción o una arruga. Tal vez se te caiga un poco el pelo, repruebes un examen, pierdas a tu pareja o a un hijo, y entonces tu clamor y tus gritos se oirán por todas partes: "Pobrecito de mí". La gente grita hacia adentro cuando creen que están solos con su experiencia.

Todos somos Uno a través del Espíritu. Cuando verdaderamente te das cuenta de la Unidad, descubres el amor por ti mismo y por todos. Así pues, cuando seas testigo de algo negativo, como una discusión o una pelea, en vez de echarle leña al fuego diciendo: "¡Sí! ¡Tenías razón! ¡Debiste haberle dado un palo en la cabeza!", tienes la responsabilidad de colocar amor y comprensión. Incluso cuando la gente pelea y se grita, en realidad están diciendo: "Por favor, entiéndeme. No puedo hacerlo solo. Por favor, escucha. Necesito de tu ayuda".

Es fácil escuchar el clamor de la gente porque normalmente ellos nos comunican su dolor, ya sea verbalmente o a través de sus acciones. Pero es más difícil escuchar el clamor de la naturaleza y, no obstante, la naturaleza se manifiesta a través de todos nosotros. Somos parte de ella tanto como del Espíritu. Somos parte de todas las cosas y en estos momentos estamos experimentando un renacimiento conocido como "back to earth" (volver a la Tierra). Es una acción positiva que nos hace tomar más conciencia del regalo de nuestra Tierra y de la responsabilidad que nos cabe en su protección y preservación.

La Tierra es la "Madre-Dios" y el Padre en el Cielo es el "Padre-Dios". Por eso, invocamos al Padre-Madre-Dios y le pedimos que nos conceda la Luz amorosa que necesitamos y que podemos entregar a todo lo que nos rodea, considerando los más altos fines de todos los involucrados.

Y, sin embargo, es necesario recordar que la perfección no se consigue en el nivel físico; que en el cuerpo físico nadie es perfecto. En la expresión del Alma ya eres perfecto, y todos los demás también. En la conciencia del cuerpo, de las emociones y de la mente estás trabajando para equilibrarte de modo que puedas ver más fácilmente la perfección del Alma. La mente es una vía que el Alma usa para verse a sí misma. También por esta vía se ve el mundo para el Alma. Esta conciencia es el vehículo a través del cual el Alma se expresa en este nivel.

Al ir aprendiendo a mantener equilibrado el nivel físico, puedes abandonar las áreas del dogma y la opinión y acceder a un estado de **ser**. En ese estado estás consciente de lo que sucede, pero no necesariamente te involucras en ello. No tienes que hundir las manos en el "fango" de la expresión negativa. Simplemente te mantienes equilibrado y despejado en tu propia conciencia, pase lo que pase a tu alrededor. Luego, a partir de ese estado equilibrado y estable, eres capaz de apoyar a otras personas de una manera mucho más efectiva.

Puedes ayudarle mucho más a un bebé que está aprendiendo a caminar estando tú de pie, que tendido en el piso tratando de levantarlo desde allí. Puedes no ser muy útil a nivel del piso, así que debes ponerte por encima de la situación y ayudar dónde sea necesario. Pero, ¿alguna has visto cuando se agarra a un bebé de la mano y se le empuja con fuerza para que se pare? ¿Qué hace el bebé? Grita, chilla y se asusta, claro. Pero si simplemente dejas caer tu mano a un costado, el bebé puede agarrarse de tus dedos y lo único que tú tienes que hacer es asegurarte de sostenerlo firme, y enseñarle cómo poner su manita alrededor de tus dedos y afirmarse de ti. Y lo levantas muy lentamente, dejando que él haga casi todo el trabajo. Alzas al bebé y luego lo bajas, y él comienza a esforzarse para ponerse de pie.

Ahora bien, esta acción puede requerir de un montón de esfuerzo por parte del niño y al no ser capaz de controlar sus intestinos muy bien, puede sufrir un "accidente". Entonces, tienes una situación caótica que podría ser considerada como un desequilibro y algo negativo. Pero, ¿dejarías de ayudar al niño? No, continuas ayudándole y entrenándolo, y un día, cuando el niño aprende a pararse por sí solo, también ha aprendido a controlar los otros movimientos del cuerpo. Todo es parte del proceso de entrenamiento, crecimiento y desarrollo.

A medida que el chico va creciendo, descubres que tienes que agacharte gradualmente menos porque el niño comienza a llegar cada vez más arriba y a agarrarse más firme. Y un buen día, el chico se pone de pie agarrándose de algún mueble. Entonces, da sus primeros pasos de un mueble a otro. Tú permaneces vigilante y te sientes orgulloso. Puedes felicitar al chico y decirle: "Lo estás haciendo muy bien ¡Qué buen chico eres!", y ampliarás su conciencia de sí mismo y le darás una nueva auto-imagen. El niño aceptará esa nueva imagen y comenzará a caminar cada vez más lejos y con mayor independencia.

Este ejemplo de entrenar niños se asemeja de muchas maneras al crecimiento espiritual. Se compara con lo que llamamos manejar "las expresiones negativas". A veces, las situaciones que nos creamos no son realmente las más agradables del mundo pero, así y todo, las atravesamos. Siempre las atravesamos.

Soy afortunado de tener amigos con niños y ser considerado parte de la familia por ellos. Un día que estaba visitando a uno de estos amigos, comencé a alzar al bebé y el papá dijo:
—Cuidado al levantarlo.
—¿Qué pasa?—pregunté.
—Pañales sucios—respondió.
—OK—dije, más para no hacer sentir incómodo al padre que porque me preocupara. Pero muy pronto el bebé comenzó a ponerse inquieto y el padre se irritó con él porque los pañales sucios le apuntaban directo a la cara.
—¿Quieres que le cambie los pañales?—pregunté.
—Ésa no es tu labor—me replicó.
—¿Es labor de quién?—le pregunté.
—Mía.
—Entonces cámbialo.
Le cambió los pañales, trajo de nuevo al niño y dijo:
—Sabes, éste es uno de los niños más dulces que hayas visto en tu vida. ¡Y huele tan bien!
Ahora, él podía amar más al bebé porque estaba lindo y limpio.
—¿Quieres decirme que no amabas al bebé cuando tenía los pañales sucios?—indagué.
—No. Solamente no quería involucrarme en esa situación.
—Es tu hijo. Ya estás involucrado.

El padre ahora tiene dos hijos y dice que todo es mucho más fácil con el segundo porque al menos sabe qué hacer. Pone manos a la obra y resuelve la situación de inmediato. Es decir, ya no se queda dando vueltas, imaginándose cuándo la va a resolver. Se ocupa de las cosas rápidamente de modo que su preocupación no aumente. Antes, negaba lo que estaba sucediendo y se quedaba sin hacer nada y todo parecía ponerse peor. Al reconocer la situación, al colocar su conciencia allí y encargarse de ella resolviéndola, ahora crea situaciones equilibradas.

¿Es eso tan distinto de lo que hacemos como adultos en nuestro crecimiento espiritual? ¿Es eso tan distinto de nuestras vidas cuando tenemos que limpiar las propias situaciones "sucias"? La manera de superar una situación sucia es encarándola tan rápidamente como puedas y ocuparte de ella. Mantén siempre las cosas tan equilibradas como te sea posible para que no tengas que estar limpiando todo el tiempo. Trata de no desordenar la casa si no te gusta limpiar. Yo me esfuerzo por mantener las cosas lo mejor alineadas posibles todo el tiempo. Pero de vez en cuando siempre hay algo que se desordena, todos somos humanos, mal que mal. Así que, cuando algo se desestabilice, alinéalo tan rápido como te sea posible. O si es necesario, consigue a alguien que te ayude a rectificarlo nuevamente. La mayor parte de mi trabajo consiste en ayudar a la gente a alinear sus cosas nuevamente, en enseñarles a hacerlo. Les muestro cómo dejar de hacer las cosas que les impiden demostrar su expresión más elevada y les ayudo a expandir su conciencia: "Ya eres un hombre grande. Ya eres una mujer grande. Ahora, oriéntate hacia reinos más altos de Luz. Estaré allí contigo. A medida que viajes de un nivel de Luz a otro, allí estaré, te ayudaré. Si comienzas a caer, te levantaré. No te vas a golpear la cabeza, no te harás daño".

Tú no eres el desequilibrio de una situación. No eres ese golpe en la cabeza. No eres ese desacuerdo. No eres esa explosión de ira. Esos son sólo puntos de referencia a medida que progresas. Estás **atravesando** todo eso. Estás cambiando los pañales continuamente hasta que el bebé crece. Lo haces porque tienes esa opción, y también puedes tenderte sobre la pila de la basura el tiempo que quieras, pero tendrás que ponerte de pie y salir de allí en algún momento. Vendrán y sacarán la basura debajo de ti o te vas a hartar de la manera en que están las cosas y te moverás tú mismo. Puedes

salirte de la basura mucho más rápido despertando a lo que
está pasando.

Este despertar es la conciencia espiritual interna percibiendo lo que es la realidad y moviéndose continuamente hacia una acción positiva y directa. El **Movimiento del Sendero Interno del Alma** no evita la vida: se mueve a través de la vida enseñándote a manejar este nivel de manera más efectiva y te mantiene equilibrado. Entonces, te muestra un sendero hacia los niveles superiores de la conciencia del Alma.

# Identificando las Influencias Psíquicas

En el nivel físico, las energías psíquicas están siempre presentes, del mismo modo que están siempre presentes las energías espirituales. Estas energías no funcionan bajo ninguna cronología. Sencillamente están presentes aquí y ahora, siempre y por toda la eternidad. El "tiempo" hace diez mil años y el "tiempo" de ahora son iguales. Las energías están siempre aquí y ahora. Cuando sientas energías psíquicas aproximarse a ti, debes comprender que pueden o no estar relacionadas con eventos recientes; podrían provenir de acciones muy lejanas en términos de tiempo, pero estar enteramente presentes en términos de energía psíquica. Estamos hablando de la eternidad. Podrías decir: "Pero es que no me acuerdo...". Desde luego que no. No se te está exigiendo que recuerdes. Ese "velo del olvido" es parte del proceso.

A veces, las energías psíquicas pueden intentar manipular tu mente, tus emociones y tu cuerpo, y suelen ser muy, pero muy efectivas haciendo precisamente eso. Si vas a un lugar que no está bajo la influencia de energías psíquicas, a un lugar positivo y elevador, esas energías negativas pueden ir contigo y crear duda y miedo sobre dicha experiencia positiva en tu conciencia. Esa negatividad puede impedir que busques y experimentes una dirección positiva en tu patrón de vida. Dichas energías pueden programarte para que evites a la gente que puede ayudarte. Pueden traerte pensamientos como estos: "Son malos. Son malvados. Me harán daño. Están tras mi dinero. Están tras mis hijos", y así siguiendo.

Cuando vives en tu propio centro, que te afecten energías psíquicas suena realmente tirado de los pelos y altamente improbable. Pero **puede** suceder si te involucras en reuniones psíquicas dónde estás sometido a influencias psíquicas. La gente que se involucra con energías psíquicas puede arengarte y hostigarte con declaraciones cargadas de emociones. Por ejemplo, pueden decirte que cierto grupo o alguien es diabólico, malvado y perverso y tú estarás listo para salir a perseguirlo. Algo dentro de ti se estremece realmente: estás atrapado de verdad en la energía del grupo y piensas: "¡Están en lo cierto!".

Años atrás, cuando se produjeron disturbios en Los Angeles, ocurrió un proceso como éste. La energía psíquica estaba suelta y manipulaba a la gente de formas increíbles. Algunas personas que probablemente nunca se habrían comportado violentamente en su propia vida, se amotinaban, peleaban y saqueaban. Una energía psíquica había tomado el mando y seguía su curso. Esto explica simplemente lo que estaba sucediendo, pero no justifica la acción.

Cierta vez, pasé por el área de Boston justo cuando acababan de ocurrir algunos disturbios. Pude sentir dónde se habían producido los enfrentamientos, dónde la energía había alcanzado niveles próximos a la energía que mata. La fuerza de la energía de violencia era palpable. Sin embargo, físicamente era un día bello, despejado y algo fresco. Parte de mi trabajo cuando tomo conciencia de esos "ataques psíquicos", es despejar esa energía, modificarla, transmutarla o cambiarla de ser una influencia pesada de negatividad por una influencia positiva de energía espiritual. Es posible cambiarla. Pero eso implica reconocer la naturaleza del ataque psíquico, mantener la integridad de tu comportamiento a pesar de las energías psíquicas y, luego, llenar ese espacio de esencia espiritual.

La gente queda atrapada por la influencia de las energías psíquicas cuando algo dentro de ellas quiere tener poder o ser reconocido como "Dios". Son esas ansias de poder a nivel individual lo que causa que uno pierda la protección de la gracia

Identificando las Influencias Psíquicas

y la persona queda expuesta a que los poderes psíquicos la ataquen. El ataque afecta el área más débil, más vulnerable, más expuesta a otras influencias.

El área sexual, tal vez más que las demás áreas, es una de las más expuestas a la manipulación de las energías psíquicas porque la energía sexual en sí misma es tan intensa, que crea un canal por el cual puede entrar el poder psíquico. En este sentido, la simbología de la historia de Adán y Eva cobra gran validez. Adán y Eva andaban desnudos y por la pureza que poseían, no necesitaban vestirse. Pero cuando el poder psíquico, las energías negativas invadieron su expresión, las áreas sexuales se corrompieron y ellos empezaron a cubrirse. Cuando el poder psíquico entra junto al poder sexual, esa energía puede volverse como una entidad y el proceso se torna obsesivo y destructivo. En las sociedades dónde ha habido una actividad sexual excesiva (en un sentido de promiscuidad o prostitución, más que en un sentido amoroso) la sociedad se destruye, pero no por la actividad sexual en sí, sino por el poder psíquico que se manifiesta a través de la actividad sexual.

La gente me pregunta si importa que sientan excitación desmesurada por alguien. Sí, importa. Y lo que hagas con esa excitación importa más. La sensación que identificas como excitación suele invadirte a través de influencias psíquicas más que a través de tu propia conciencia. Tal vez pienses: "¡Vaya! ¿De dónde salió este pensamiento? No tenía ningún interés y de repente simplemente tengo que poseer a esa mujer (o a ese hombre)". Y a menudo, si eso sucede, puede que no sea un pensamiento tuyo en lo absoluto.

Hay muchos pensamientos e influencias psíquicas que andan rondando y es fácil "agarrarlos". Eso sucede. Ten en cuenta que no tienes que reaccionar con cada pensamiento que recojas. Si te entra excitación, puedes levantarte y abandonar el lugar. Manéjala. Puedes manejarla apartándote de ella o actuando. El ejercicio físico ayuda a dispersar la energía psíquica. Correr, trotar, jugar tenis, basquetbol, construir algo… cualquier actividad que utilice energía física de una manera dinámica y vigorosa, dispersará y despejará las energías psíquicas que te invadan. Sentarse y darle vueltas a las cosas en tu mente tiende a agravar la situación.

Nuestro sistema carcelario actual es un ejemplo de una muy mala respuesta al problema de las energías psíquicas. Antes de caer a la cárcel, muchos prisioneros se encuentran ya muy influenciados por el poder psíquico. Y en nuestro sistema carcelario actual tienen muy poca —o quizás ninguna— oportunidad de liberarse de esa influencia. Se inmovilizan y comienzan a crear fantasías sexuales proyectando una gran energía en ellas y luego empiezan a proyectar esa energía a través de la prisión y en el vecindario que rodea la prisión. Éste no es necesariamente un proceso consciente, puede ser inconsciente. Toda la zona puede comenzar a experimentar dificultades y ser incapaz de dilucidar la causa. Si se ubicara a los prisioneros en ambientes donde pudieran estar activos y trabajar de manera constructiva, dónde pudieran participar en programas recreativos sanos verías una mayor rehabilitación.

Muchas veces, te tratas a ti mismo como un prisionero. Caes bajo la influencia de energías psíquicas y permites que ese poder te controle. Pero si te colocas en situaciones y ambientes donde puedes realizar actividades, trabajar constructivamente y participar en programas recreativos sanos, ves una rehabilitación en tu propia conciencia.

No tienes que permitir que las influencias psíquicas te manipulen o te controlen. Tienes opciones. Puedes dirigir tu vida hacia cualquier patrón. Puedes recuperar la identidad espiritual de quien eres, de quien **realmente** eres si has caído bajo la influencia y la identidad de energías psíquicas. Cuando encuentras ese centro y lo mantienes, puedes ayudar a otros desde esa plataforma sólida. Puedes demostrar libertad, amor espiritual y la Luz del Espíritu.

Al dirigirte a ti mismo desde un lugar positivo dentro de ti, puedes comenzar a elevar a los que te rodean hacia ese mismo foco positivo. Serás capaz de contener y absorber las influencias psíquicas que entren en ti y seguir orientándote de una manera positiva, elevándote y tomando cada vez mayor conciencia del Espíritu adentro. Todo depende de ti. El Espíritu está siempre presente. Sólo necesitas mirar en su dirección y abrirte a su guía y orientación, y serás libre.

Para nosotros hay una manera natural de progresar, pero también existe la de tratar de controlar y manipular la vida. Podemos verlo en términos de polaridades masculina y femenina. Lo masculino trata de controlar y de dirigir su "imperio", siempre se esfuerza por asumir una posición superior, es la conciencia del "macho". Lo femenino no tiene que hacer nada de esto porque fluye en una armonía más natural con todo lo que la rodea, así que no hay necesidad de reglas ni de reglamentos o de usurpación de poder.

Lo que tenemos que hacer es combinar las polaridades negativa y positiva para alcanzar el equilibrio de una conciencia neutral, en dónde podemos mantener y conservar el poder de nuestro propio ser, mientras fluimos con mucha naturalidad con todas las cosas que nos rodean. Tomamos lo mejor de las conciencias tanto masculina como femenina y las combinamos. Sí, es lo ideal, y sí, es posible.

La naturaleza progresa de manera muy natural y no excluye la evolución del hombre. Algunas personas preguntan: "¿Y qué hay del eslabón perdido?". ¡No hay ningún eslabón perdido! Hay puentes entre una raza y otra, y una vez que se ha establecido una nueva raza, no hay necesidad del "puente". Estamos en una raza "puente" en el planeta en estos momentos. En algún momento en el futuro, desaparecerán muchos tipos de personas que habitan ahora el planeta. No quedará rastro de ellos y este nivel será retirado. No habrá nada que indique que alguna vez existió, pero la nueva raza estará presente. No te equivoques: no estamos tratando con nociones de tiempo de dos días o dos años: estamos hablando de conceptos de miles y miles de años.

Desde luego que se mantendrá registro de todo esto, de modo que habrá indicadores del proceso evolutivo del hombre; evolutivo en términos de ir adentro para conocer todos los niveles con los cuales estamos involucrados, mientras estamos en el cuerpo físico: primero el físico, luego la imaginación, las emociones, la mente, el inconsciente y el Alma. Cuando has instituido esa conciencia adentro, puedes pasar a los niveles externos y descubrir que el mundo espiritual externo se alinea directamente con el reino interior, y en ese momento comprendes el sentido de todo. La comprensión lo abarca todo y trae con ella paz y tranquilidad. Puede que no tengas conciencia de eso cuando te enfocas en el cuerpo físico, dado que el cuerpo físico normalmente está en un estado de excitación. Está aquí para moverse. Los individuos que se sientan en posiciones de yoga hasta que sus piernas se vuelven inútiles, van contra las leyes del nivel físico. Muchos de los llamados grandes maestros espirituales han muerto de cáncer y desnutrición porque violaron la premisa del nivel físico, que es conocer el nivel físico.

El propósito de algunas ramas de la ciencia, como la medicina o las artes de sanación, es conocer este cuerpo físico. Las ciencias psicológicas fueron instauradas para conocer la psiquis o el Alma, pero se han convertido más bien en un estudio del comportamiento del cuerpo. La sociología es el estudio de la interacción de estos cuerpos. Y los psiquiatras tratan de resolver la interacción de la mente, las emociones y el cuerpo. Aquellos que emprenden en un sendero espiritual tienen que integrar todo lo anterior desde la óptica de la salud espiritual, permitiendo que la energía espiritual fluya a través de todos los niveles, logrando la elevación total de la conciencia del hombre.

Identificando las Influencias Psíquicas

Es realmente muy bello estar cerca de gente dedicada a las artes de la sanación física, porque cosas como los masajes y el cuidado tierno y amoroso alivian ciertamente el dolor y el malestar. A veces, ir al doctor y descubrir que le interesa lo que te pasa te hace sentir mucho mejor. El simple hecho de saber que a alguien le importa cómo estés, puede ayudarte a deshacerte de enfermedades casi de inmediato. Es muy importante experimentar un cuidado amoroso, y el cuidado amoroso es la acción espiritual.

Cada persona es responsable de su ser completo. Esto no significa que no nos apoyemos unos a otros, rascándonos la espalda, alcanzándole a un amigo un vaso de agua, o llevándolo en auto al centro. Significa que todo eso lo haremos **mientras sea parte del fluir de su elevación espiritual**. Por eso tal vez, a veces, **no** le alcanzaremos el agua. En cambio, diremos: "Ahí está la botella y el vaso. Sírvete". Eso puede hacerlo sentir menos dependiente y más seguro de sus propias capacidades y con mayor confianza. Solemos hacer esto con los jóvenes para que ganen en experiencia y su confianza en sí mismos crezca.

Muchas veces, cuando adquieres un poquito de conocimiento espiritual, quieres tomar a la gente y elevarla lo más rápido posible. Pero lo que sucede cuando los empujas es que tropiezan y caen, y entonces empiezan a tener miedo de tu actitud frente a la vida. La vida es muy natural, muy simple. Tú la vuelves compleja al liberar energías en tu interior a través de la simbología, la mentalización y las actitudes equivocadas. Y entonces se produce una lucha interna y, como no quieres pelear, la empujas de vuelta al inconsciente. Allí batalla y después se manifiesta como enfermedades o malestar, con los que los científicos de hoy no dan abasto y tampoco pueden despejar. Podrías terminar con muchos problemas físicos. ¿Cómo superarlo? Puedes practicar técnicas espirituales. Hay una variedad de técnicas diseñadas para contactar y despejar los muchos niveles de conciencia: meditaciones de distintos tipos, ejercicios espirituales, técnicas de oración, formas de contemplación, entonación de mantras y tonos. Estas técnicas centran y elevan las energías para que fluyan de manera directa y no entren y salgan.

A medida que practicas los ejercicios espirituales, te acostumbras más y más al fluir de los patrones de energía que se manifiestan dentro de tu conciencia. Al irte familiarizando mejor con los muchos niveles de tu conciencia, te sientes más cómodo contigo mismo y con los demás. Al trabajar continuamente con las energías dentro de ti, aprendes a reconocer lo que ellas son, su propósito, su función y su dirección. Te sientes cada vez más relajado con tu propio ser, lo que genera una mayor integración de todos tus niveles. Al ir sucediendo todo esto, dejas de estar a merced de tus patrones de hábito físicos, tus adicciones emocionales, tus juegos mentales o tus impulsos inconscientes. Eliges de manera efectiva patrones de comportamiento y de expresión más positivos.

Hay distintas técnicas y puntos de vista de cómo llegar a Dios, pero sólo hay una forma de hacerlo y es a través de tu propia conciencia y capacidad espiritual de ejemplificar una conciencia espiritual. A menudo escuchamos acerca de filosofías y religiones orientales y del estilo de vida oriental, y se compara el estilo de vida oriental con el estilo de vida occidental. Se dice que los occidentales en su búsqueda de Dios son impacientes, mientras que los hindúes o los orientales son muy pacientes. Y la gente habla sobre estas dos actitudes pero en realidad hay sólo una. Si piensas que hay muchas maneras de ascender a los reinos superiores de conciencia, tal vez debieras intentar con algunas de ellas para ver si funcionan para ti.

Descubrirás que cuando te metes en la vida misma, nadie te va a cuidar excepto tú mismo. Se te colocó en el planeta con todo lo que necesitas dentro de ti. Ya todo está ahí. No puedes disgustarte a menos que lo permitas. No puedes ser

Identificando las Influencias Psíquicas

controlado a menos que lo permitas. No puedes perder la razón y enojarte a menos que lo permitas. No puedes ser poseído por una entidad incorpórea a menos que lo permitas. Eso te coloca en una posición bastante especial. Eres un creador, es decir, puedes crear armonía o discordia, felicidad o desesperanza, dicha o depresión, abundancia o carencia.

Crear en Exceso y sus Consecuencias

En nuestro mundo occidental, estamos enfrentando el hecho de haber creado en exceso en muchas áreas de nuestra vida: hemos creado demasiado y demasiadas **cosas**. Muchos de aquellos que siguen las filosofías orientales se esfuerzan por crear lo menos posible. Y nosotros miramos su cultura y decimos: "Están atrasados. No me gustaría vivir allí. Viven en la inmundicia, corren el riesgo de contagiarse. No hay un sistema moderno de alcantarillado", y nos sentimos muy superiores al expresar este punto de vista, seguros de que sabemos dónde estamos parados en la vida. Después de todo, tenemos una bella casa, un cuarto para cada niño, dos carros en el garaje, ropa bella, joyas finas y varios aparatos de televisión. Y trabajamos duro para conseguir todo esto. En muchos sentidos, tenemos una bella cultura: una cultura que prueba que hemos creado en exceso físicamente. Hay contaminación de todo tipo, y ésa es la señal de que hemos creado en exceso, de que tenemos demasiadas cosas. Ésta puede ser la característica más significativa de los tiempos en el mundo occidental. Podemos ser educados y llamarlo producción excesiva, pero realmente es contaminación: aire contaminado, agua contaminada, vegetación contaminada, etc. Ésas son expresiones externas de la creación en exceso, pero también hemos contaminado nuestra propia conciencia de muchas maneras.

Físicamente, los EE.UU. es una nación muy bien alimentada. Pero tenemos hambres ocultas que no están satisfechas. Tal vez imagines que la manera de superar tus hambres ocultas sea llenándote de comida hasta quedar saciado y así acalles tu hambre. Luego piensas: "Ahora me siento mejor", y al sentirte mejor dices: "Realmente debería hacer algo respecto a reconectarme con Dios". Pero puede que no lo pienses en esos términos exactamente, sino más bien: "Ahora que me siento mejor, quisiera hacer algo. ¡Estoy frustrado! Me gustaría poder hacer más". Al sentirte satisfecho en un nivel, quieres hacer algo para satisfacer otro nivel. Tal vez decidas ir a lavar y a encerar el auto. Eso ayuda a liberar energía física. Y mientras lo estás haciendo, se te viene el pensamiento a la mente: "Me encantaría leer el libro que comencé anoche", así que tu mente se te adelanta y va al libro, y terminas con el auto bastante rápido porque ya perdiste el interés en eso. Entonces, vas y lees el libro y, mientras estás leyendo, piensas: "No estoy haciendo suficiente ejercicio. Paso mucho tiempo sentado". Pero ahora ya es hora de comer otra vez y tu hambre escondida grita: "¡Aliméntame!", así que te comes unas galletitas, unas papas fritas o te tomas una soda: cualquier cosa para saciar el cuerpo y eliminar el hambre oculta. Pero, ¿qué tal si esa sensación que tienes no sea de hambre? ¿Qué tal si estás sintiendo una falta de realización en otro nivel, una falta de unidad contigo mismo? Cuando no estás en armonía contigo mismo, buscas constantemente algo que te haga sentir uno, que te integre, que te complete.

Puedes estar solo e igualmente sentirte íntegro y completo, pero es difícil sentirse íntegro y completo si estás diciendo: "Me siento solo". La soledad es parte de tu hambre encubierta, como lo es la depresión, la ansiedad y la discordia. El hambre es ese impulso a crear, ese impulso que dice: "Quiero tener relaciones sexuales. Quiero manejar el auto a toda velocidad. Quiero nadar por horas. Quiero coser un vestido. Creo que cuidaré a los niños, para variar. Creo que volveré a la universidad a estudiar. No sé lo que quiero hacer". Todo esto es la manifestación de una situación: tu hambre oculta te está diciendo que dentro de ti falta algo.

Cada vez que te propones algo y que te expresas en algún área, realmente estás tratando de demostrar que eres un creador responsable. Ésa es la esencia. Tal vez quieras regresar a la universidad para conseguir buenas notas y sacar la calificación más alta. Esa calificación es parte de tu creación; es el fruto de ella que demuestra que eres una persona valiosa. Es otra cosa más por la que la gente puede apreciarte y reconocer que eres valioso. Así que vas a la universidad y sacas la máxima calificación, y la gente te alaba y tú estás de acuerdo: "Sí, soy valioso". Pero un mes después, algo te hace pensar en eso de nuevo, algo que no deja de presionarte.

A veces, cuando no sabes qué te está presionando internamente, tratas de descubrir lo que podría ser. Piensas y piensas y piensas, y ahora has creado en exceso en tu pensar, en el área mental. Las personas que crean en exceso mentalmente pueden volverse gigantes en varias áreas del emprendimiento. Pero te das cuenta de que buena parte del tiempo caes en un círculo vicioso en tus pensamientos. Llega un punto en que dices: "Ya había analizado esto antes. Ya lo pensé. Ya lo dije. Ya lo escuché. ¡Estoy harto de escucharme hablar!", así que dices: "Me voy a quedar callado un rato". Es posible que eso te funcione, o tal vez, cuando alguien te diga algo, te encuentres discutiendo con la persona, es decir, creando verbalmente en exceso. Entonces, decides que te vas a ocupar y a hacer algo físicamente. Decides levantar pesas, o correr dos kilómetros diariamente para estar en forma. Ahora, puede que crees en exceso físicamente. Luego, cuando te cansas de eso, tal vez pases al área de las emociones. Es tan fácil crear en exceso en esta área, que puede que sobrerreacciones cuando alguien te diga: "Quiero aprender a consultar el directorio telefónico", y que comiences a llorar por esa tremenda y excesiva creación emocional. Así que de nuevo te desestabilizas.

En ese punto, tal vez concluyas: "Intenté con lo físico, intenté con lo emocional e intenté con lo mental. No queda otra sino intentar con lo espiritual". Así que vas a la iglesia semana tras semana, hasta que realmente te cansas de tratar de ser espiritual. Las iglesias pueden ser lugares hermosos y es posible que aprendas a sintonizarte con el Espíritu allí. Sin embargo, mucha gente religiosa parece haber creado en exceso en las áreas mental y emocional y, definitivamente, muchas iglesias han creado en exceso físicamente al construir edificios inmensos. O puede que la religión en cuestión haya creado en exceso en su aspecto ritual, así que crees que te tienes que sentar de cierta manera, o pagar una cierta cantidad de dinero, o repetir muchas penitencias, o usar cierta ropa, o comer una comida en específico. Cuando te involucras con una creación en la que la gente te dice que su camino es el único, dejas de ser leal a tu propia creatividad, a tu propia unidad. Entonces, miras a otra persona y dices: "¡Mira qué bien que lo está haciendo!", y tu propia ambición, tu propia codicia y tu propio deseo desmedido se meten subrepticiamente y, de pronto, quieres hacer lo que la persona está haciendo en vez de lo que tú tienes que hacer.

He visto entrar a mucha gente en el MSIA. Algunos de ellos acceden rápidamente a la conciencia espiritual y experimentan muchas cosas que podrían llamarse "trascendentales". Otros dicen: "He estado aquí durante un año y no he experimentado nada de eso. ¿Por qué no puedo lograr lo mismo que él?". La respuesta es que esa persona estaba lista para esa experiencia y tú no. Ella entró, se sintonizó e hizo la conexión. Pero eso no significa que sus experiencias sean mejores o peores que las tuyas. Las experiencias son simplemente diferentes. A menudo, las personas que llegan y acceden a la conciencia espiritual con tanta facilidad, son las mismas que se retiran después de un par de meses. Los que trabajan, trabajan y trabajan en ello, desarrollan tal fortaleza que, cuando finalmente reciben la gloria de su propia conciencia espiritual, no hay nada que los sacuda y los haga marcharse. Y es tan supremo y maravilloso, que puede ser difícil de creer. Su iluminación proviene del conocimiento, del trabajo y de la experiencia, y nadie se la puede quitar.

Podría ser bueno que pensaras un poco en lo que es la creación excesiva. Crear en exceso en cualquier área, te desestabiliza en tu relación contigo mismo y con los que te rodean. Puedes aprender a mantener tu equilibrio creando en el área de tus necesidades, no en el área de tus deseos o apetitos. Cuando te mantienes en el área de tus necesidades, te das cuenta de que no creas en exceso y comienzas a establecer una mejor comunicación contigo mismo, y ella te guiará hacia la felicidad y la plenitud.

Percibiendo la Gracia

La mente subconsciente es una fuerza muy poderosa dentro de tu conciencia. Alguna gente trata de negar su expresión, otros ceden ante ella, e inclusive hay otros que sencillamente desconocen lo que es la mente subconsciente y lo que ella hace. Cuando aprendes a trabajar en armonía y cooperación con tu subconsciente, cuesta menos lograr que tu expresión sea más equilibrada.

El poder del subconsciente es tan grande, que hay muy pocas cosas que puedan oponérsele una vez que se echa a andar. Tiene una sabiduría, un conocimiento y una bella maestría para abrirse camino a través de todos los obstáculos que se le pongan, esquivando las adversidades y avanzando con determinación cuando tiene la oportunidad.

A menudo, hay comunicación e interacción entre las mentes subconscientes, cuando entras en contacto con la vida de otros. Tú podrías tratar de controlar a la otra persona y ella podría tratar de controlarte a ti. Y en estas áreas de control puede surgir el engaño.

¿Qué tipo de engaño podemos expresar como individuos? Podemos expresar engaño emocional cuando alguien te pregunta: "¿Me amas?", y tú le contestas: "Sí", a pesar de quizás no amarlo en ese momento en particular. Eso es engaño. Es posible que te preguntes: "¿No será mejor decir: 'No, en este momento no te amo', sabiendo que se va a enojar, que decir: 'Sí, te amo', sabiendo que lo voy a volver a amar después?". Es muy posible que si **no** amas a la persona, aunque digas que **sí**, ella sepa que no la amas. La persona podría respetarte más si le dijeras: "No, en este mismo momento no te amo. Creo que eres el canalla más grande del mundo. Pero dame veinte minutos, porque estoy trabajando en eso. Te amaba antes de esto y estoy seguro de que una vez que se me pase el enojo, te voy a volver a amar". Eso es ser honesto.

Existe el engaño del intelecto. La gente puede afirmar que tiene una destreza determinada con el fin de conseguir un trabajo. Pero si no tiene dicha destreza, caerá en el engaño y eso se le volverá en contra.

Luego, existe el engaño de la mente subconsciente, que es como engañarte a ti mismo. Dices: "Sí, disfruté la tarde contigo", pero el subconsciente dice: "No, no fue así. ¡Y pasará mucho tiempo antes de que salga de nuevo contigo!". El subconsciente parece tener "vida propia". Debes aprender a cooperar y a trabajar con él, y a educarlo. Si estás engañando a tu mente subconsciente podrías encontrarte emprendiendo un proyecto pero luego, echándote para atrás rápidamente, porque no sientes el apoyo de tu subconsciente.

Si la mente consciente tiene el hábito de comenzar un proyecto y abandonarlo antes de completarlo, luego, comenzar otro y abandonarlo a medio camino y, después, comenzar otro más, etc., es posible que el subconsciente siga intentando completar cada proyecto incompleto para cumplir con aquello que comenzó. Pero sin la cooperación del ser consciente, el subconsciente parece que no puede hacerlo: no puede llevarlo a término, y se sentirá traicionado y engañado. Es importante que no tengas muchos "conejos en las brasas". El subconsciente es incapaz de manejarlo. Completa los proyectos que comiences, cumple con los acuerdos que hagas, mantente fiel a tus promesas, entonces, tanto tu ser consciente como tu subconsciente podrán alcanzar el éxito, lo cual genera un sentimiento de plenitud, valoración y unidad.

Cuando eres fiel a ti mismo, tu mente subconsciente también lo es. El ser consciente, como amo de la casa, se conecta con el subconsciente y lo eleva; entonces, el consciente y el subconsciente pueden adoptar una expresión más elevada y funcionar juntos como una unidad, logrando un equilibrio y una completación aún mayor.

Se supone que el hombre sea eternamente feliz, pero también se le responsabilizará de todos sus actos. Con esto en mente, alguna gente dice: "Entonces, me sentaré aquí y no haré nada". Ésa es una decisión por omisión, porque las decisiones serán tomadas por ti, si no las tomas tú. Y, a menos que decidas aprender de lo que estás haciendo, no podrás aprovechar la acción superior del Espíritu cuando ésta se dé. Sobre la Tierra se derraman grandes bendiciones diariamente, a cada momento, a cada segundo. Puedes decir: "Claro, sólo estoy esperando que se dé la ocasión perfecta". La ocasión perfecta se dio tan pronto como dijiste esas palabras, pero tú te engañas a ti mismo. Tienes que cruzar el umbral de la cooperación y aprender a trabajar contigo mismo para ampliar tus capacidades, lograr realizaciones mayores y una iluminación más plena.

En última instancia, ¿a quién engañas? Sólo a ti mismo. Puedes engañar a otra persona de manera pasajera, pero ella lo descubrirá tarde o temprano. Supongo que puedes perdonar los engaños de las emociones, porque hay muchas razones para que lo hagas. Y podemos olvidar los engaños de la mente porque hay muchas razones para eso también. Además, podemos perdonar los engaños entre la mente subconsciente y la mente consciente. ¿Pero podemos olvidar los engaños de un corazón a otro? Cuando te has comprometido con la totalidad de tu ser con otra persona, ¿puedes dar marcha atrás? Realmente, deberías "darle con todo", porque muchas de las cosas con las que estás trabajando ahora, que parecen ser un caos y que te desesperan y afligen, pueden convertirse en tu alegría y felicidad de mañana. La profundidad con la cual sientes tu desaliento y tu congoja, es la profundidad con la cual sentirás tu dicha y tu armonía. Cuando la dicha golpea a tu puerta, viene acompañada del desaliento. A veces, nos preocupa la tristeza de la partida, pero la tristeza es testimonio de que pasamos un tiempo muy bello juntos y que extrañaremos los buenos momentos.

Todo parece tener dos caras. Si nos comportamos como un "balancín" en nuestras vidas, es posible que estemos tratando de equilibrarnos. Deseamos muchas cosas en la vida, pero tan pronto logramos una posición equilibrada en dónde lo que puede derribarnos y lo que puede edificarnos se fusionan, contamos con la mayor defensa en tiempos de desesperanza. Así pues, solemos empeorar nuestra situación en nuestra mente mucho más de lo que podría jamás ser en la realidad. Y a menudo nos hemos preguntado: "¡Dios mío! ¿Cómo voy a atravesar esto?". ¿Atravesar "esto"? ¿Qué es "esto"? Has llegado hasta aquí, lo cual significa que le diste demasiada importancia a "catástrofes" que nunca fueron tales.

Dios no permite que le pase nada que no puedan manejar a sus niños en la Tierra, ni una sola cosa. En ocasiones hemos tratado con todo nuestro ser de ver si podemos sostenernos, si podemos sustentar una conciencia más grande por otros. Nos pondrán a prueba de muchísimas maneras. Nos pondrán a prueba nuestros enemigos, a quienes podemos vencer con facilidad porque sabemos quiénes son y nos aseguramos de que no tengan las municiones para dispararnos. Tenemos que ser más cuidadosos con nuestros amigos, porque colocamos en ellos una profunda y valiosa confianza: están en situación de someternos a prueba. Pero son nuestros seres queridos, nuestros esposos, esposas, hijos y padres, quienes realmente nos **ponen a prueba** hasta los límites de nuestro ser. Ellos conocen todos nuestros puntos débiles, saben dónde somos más indefensos y vulnerables. Tienen el armamento para hacernos daño.

Si engañas a tus seres queridos, la desarmonía que te generes puede ser mayor que la que puedas manejar. Pero no será mayor que la que puedas soportar. Podrás soportarla porque Dios ha dicho que ningún Alma se perderá, ninguna. Es posible que pase un largo, largo tiempo antes de que regreses a Dios en conciencia despierta. Pero si logras que tus propios niveles de conciencia —la mente subconsciente, la mente consciente, el ser superior— cooperen entre sí, si cambias tu forma de expresarte y actúas en pos de tu propia perfección, si haces lo que tu Alma necesita que se haga, serás capaz de despejar rápidamente desequilibrios del pasado.

Es por nuestras obras que se nos conocerá. Si caminas entre tus semejantes con una actitud equilibrada y bajo la gracia, te conviertes en una fuerza que elevará a todos aquellos con los que te encuentres. Elevas a todas las personas. Puede que los eleves de maneras que no parezcan maravillosas o significativas, pero cuando se hace el cálculo final, a menudo encontramos que fue algo pequeño lo que realmente marcó la diferencia. La diferencia pudo haber sido una palmada en la espalda, o alguien que dijo: "Todo está bien". Puede haber sido una simple sonrisa a alguien que estaba un poquito deprimido. O pudo haber sido decirle a alguien lo que yo llamo las "palabras mágicas". Existen seis palabras mágicas. Las tres primeras son: "Yo te amo", y las otras tres: "Dios te bendiga". Ellas pueden producir milagros.

El nombre del juego
es completar y, siendo así,
muy bien podrías
hacerlo ahora.

El Sentido Común es un Sentido Espiritual

Capítulo Ocho

El Movimiento del Sendero Interno del Alma no enseña **disciplina**. La Conciencia del Viajero Místico no enseña **disciplina**. A veces, le presenta a las personas una situación que requiere de un alto grado de selectividad en la que deben discriminar las consecuencias que tendrá su acción antes de actuar. Cuando una persona ejerce este tipo de selectividad, la disciplina llega como un proceso automático. Te mueves desde un: "Lo hago **a mi manera**", hacia un: "Ésta es la manera en que funcionará mejor". Así y todo, no se emplea ninguna **disciplina**, porque ése no es el estilo del Espíritu.

El Espíritu brinda oportunidades. Ofrece muchas alternativas. No hace mucho, me encontraba de viaje entre el Medio Oriente y Europa en compañía de algunas personas que estaban trabajando conscientemente en la conciencia de la Luz. A estas personas se le presentaron oportunidades que les permitieron pasar más allá de la selectividad y la disciplina, al área del **altruismo**, no de ese altruismo en que dices: "Sé que si hago algo bueno, se me devolverá", porque eso de hecho puede ser egoísmo, y el egoísmo no te dará lo que estás buscando. **Altruismo** es desconocer incluso la recompensa por la cual haces algo, y si la conocieras, no lo harías por esa razón.

Viajábamos en un avión en el que iban nueve huérfanos vietnamitas desde Vietnam a París para ser adoptados; los cuidaba una joven mujer que se veía muy cansada. El avión había permanecido más de quince horas en Bombay por reparaciones y obviamente se le había dado hospedaje a la mayoría de los pasajeros en un hotel, pero el gobierno no había permitido que los niños entraran al país. Así que los niños habían tenido que dormir en el duro piso de la recepción del aeropuerto, húmeda y calurosa, durante quince horas. Luego, habían sido regresados al avión enfermos y deshidratados. Habían comido muy poco y padecían de vómitos y diarrea. Era desgarrador verlos. Un par de ellos parecía que no iban a sobrevivirlo.

Los trabajadores de la Luz parecieron ser atraídos en masa hacia la parte posterior del avión donde estaban los niños; lo único que podía suceder en lo que a ellos concernía, era la posibilidad de ponerse al servicio de aquellos niños poco afortunados y apoyarlos. Al terminar la enfermera de bañar a los niños, como que se los entregaba a otras personas, y todos estaban ocupados vistiéndolos, alimentándolos, **amándolos** y ayudándoles a estabilizar la Luz en sus conciencias. Uno de los niños, de seis o siete meses de edad, parecía que iba a morir. Miré su aura y vi que estaba muy agotada. La criatura estaba muy cerca de la muerte, de modo que la acción fue colocada dentro de la conciencia del Viajero Místico. Debido a que la enfermera había dicho: "Sí, necesito ayuda", y los otros trabajadores de la Luz habían contestado: "Queremos servir", eso hizo posible que el Viajero se hiciera presente, transmutara y cambiara el probable desenlace. Parecía que este pequeñito necesitaría mucha energía y fuerza si es que iba a vivir. Se lo di a uno de los portadores de Luz y ese pequeño que no había comido más que unos pocos gramos de comida en veinticuatro horas, se bebió dos botellas de leche en corto tiempo y no la vomitó. ¡Estaba recuperándose muy bien! Consumió también **mucha** Luz y amor. Esa criatura probablemente los sobrevivirá a todos.

Cuando ya estábamos listos para dejar el avión en París, fui y lo alcé (era mi favorito porque era el "perdedor") diciéndole: "Vas a vivir ahora; estarás bien". Él sólo se volteó hacia mí y sonrió. En ese momento, como que me disolví en el amor que sentía por ese niño. Sentí tanto gozo y felicidad de que se me hubiera permitido servir, de que se me hubiera permitido extender el amor y la Luz del Espíritu a ese niño, dándole la oportunidad de cumplir con su destino en este planeta de una forma más completa. Y mi corazón se sentía agradecido con todos mis compañeros de labor que habían trabajado conmigo codo a codo. Ninguno falló.

El gozo y la felicidad son atributos de Dios y del Espíritu. Los buenos sentimientos son tu trabajo hecho manifiesto. Cuando has cumplido con tu trabajo en el mundo físico, tienes un sentimiento de gozo porque tu trabajo es tu amor manifestado hacia otras personas. Algunas personas dicen: "Odio mi trabajo". Si ése es tu sentimiento, ciertamente tienes un desafío, que es hacer lo que más te atemoriza. Como aquello que más temes vendrá hacia ti, es mejor que muevas tu conciencia desde el odio hacia el cumplimiento del trabajo de la mejor manera que puedas. En el sentido del cumplimiento del mismo, puedes soltar el trabajo porque éste será terminado. Si trabajas con un sentimiento de odio y desesperanza, nunca lo completarás porque siempre mantendrás esa sensación contigo. Te darás cuenta de que no puedes alejarte del trabajo. Lo llevarás a casa contigo y se lo lanzarás en la cara a tus seres queridos. Si esto es lo que está sucediendo en tu patrón diario, sería sabio de tu parte conseguir otro trabajo. Pero nunca es sabio dejar un trabajo hasta que no tengas otro encaminado. Pareciera que existe una ley que dice: "Si no tienes trabajo, es difícil que consigas uno". Si tienes un trabajo, es bastante fácil que consigas otro, a condición de que coloques en tu conciencia que quieres otro.

Con frecuencia, las cosas pueden llegarte muy rápido cuando colocas la necesidad de ellas en tu conciencia. Una niña me dijo un día que quería una lira, pero que no sabía dónde conseguirla. Le sugerí que manifestara verbalmente su pedido en un seminario del MSIA. Lo hizo. Dije: "Más alto". Ella lo pidió de nuevo, y antes de que terminara su pedido, alguien dijo: "Hablaré contigo al final de la reunión. Sé dónde puedes conseguir una". Que esto hubiera encontrado respuesta en lo físico así de rápido, fue lo máximo. A menudo, en mi trabajo con la gente escucho necesidades que manifiestan en silencio y, si es posible, satisfago esas necesidades tan rápido como puedo. A veces, una "necesidad" puede ser satisfecha elevando a la persona por encima de esa necesidad a un estado de conciencia más alto, entonces la necesidad deja de existir. Es posible que no haya sido una necesidad, que tal vez sólo fuera un deseo, una aspiración, o tal vez un "hambre oculta" que una conciencia más grande satisfizo, de modo que dejó de ser percibida como angustiante.

Tú mismo te creas angustias, te reprimes, te faltas el respeto. Nadie más te puede hacer eso, a menos que se lo permitas. Lo permites cuando trabajas con una actitud de debilidad, con una actitud de inseguridad, con una actitud de: "No sirvo para nada". He escuchado a mucha gente decir que no valen mucho, que no sirven para nada y esto y lo otro, y lamentan su destino y preguntan por qué no les suceden cosas mejores. ¿Quién te va a dar algo cuando tú no sirves para nada ni vales mucho?

El polo opuesto es decir: "Soy el más grande de todos. No hay nadie más grande que yo". Eso implica: "... y, por lo tanto, no puedes hacer nada por mí". En cualquiera de estos dos extremos, a la gente le cuesta relacionarse contigo, interactuar contigo. La gente quiere sentirse libre y ser capaz de relacionarse contigo con libertad. Tal vez una relación entre dos personas debiera comenzar diciendo: "Relacionémonos verbalmente, veamos si nuestras filosofías coinciden". Si coinciden, tal vez se acerquen un poco más para ver si sus emociones se estabilizan. Si ese nivel se estabiliza, podrían ver si juntos se armonizan físicamente. Si ese nivel se armoniza, podrían decidir seguir con el nivel sexual, pero antes de pasar a eso sería bueno verificar si están trabajando con el mismo punto de referencia espiritual. Si esa compatibilidad falta, el hecho de entrar en una acción creativa puede arrinconarte y sólo cosecharás un huracán. No manifestarás una conciencia de Luz, tampoco manifestarás amor. Te convertirás en un destructor e intentarás destruirte a ti mismo y a los que te rodean. Eso es ser muy tonto; no estás programado para destruirte ni a ti ni a nadie, aunque tal vez pienses que sí. Podrías decir: "Podría volarme mis sesos". Pero recuerda que dijiste: "**MIS** sesos", lo que significa que eres más que ese órgano. El cuerpo va a morir tarde o temprano, pero eso que **tú** eres, no puede ser destruido. **Tú** seguirás, porque eres eterno. Ahora mismo estás en medio de la vida eterna. Estás viviendo en la eternidad porque la eternidad es **ahora**.

Cuando vives en el **ahora**, puedes lograr mucho más que cuando tratas de vivir en el pasado o en el futuro. Al lograr más, puedes vivir en un espacio de tiempo más amplio y las cosas que alguna vez te parecieron extraordinarias, pueden ser alcanzadas por ti ahora. Sencillamente haces lo que necesita hacerse. Eso es vivir la eternidad en este momento, y ¡nada puede ser más hermoso!

Para vivir la eternidad debes estar sintonizado con la fuerza universal. Sintonizarte con esa fuerza implica que tu Espíritu, la fuerza de Dios que habita dentro de ti, deba sintonizarse con la fuerza de Dios que está fuera de ti, ésa que es omnipresente y todopoderosa. Al sintonizarte con esa energía dinámica y poderosa sentirás la Luz entrar en ti. Puedes sentir que te invade un calor inmenso. Puedes sentirte muy amado por algunos momentos. Puedes sentir como si alguien te abrazara y te acunara. Puedes experimentar la Luz como una sensación de ser "supermán", todopoderoso y tremendamente vital. Puedes parecer un tontito feliz, casi como si estuvieras bajo los efectos de alguna droga. Si has estado bajo mucha presión, corriendo mucho de un lado para otro, involucrándote en un montón de cosas, podrías experimentar la Luz como una energía tranquilizante. Su energía puede venir a ti de una manera muy sosegada. Puedes experimentar la Luz, la fuerza que llamamos Espíritu, de muchas maneras.

Cuando te sintonizas con la fuerza guía que es el Espíritu, ésta hace por ti lo que eres incapaz de hacer por ti mismo. Cuando te vuelcas hacia esa guía superior comienzas a abordar la vida de manera un poco distinta. Y por ello la gente a tu alrededor comenzará a abordarte de forma diferente a ti también. Tiene un efecto de dominó y todo a tu alrededor parece cambiar. Por ejemplo, digamos que estás sosteniendo un balde con agua. Si alguien tropieza contigo y te empuja, el agua se derramará sobre ti. Pero si estás sosteniendo el mismo balde y alguien intenta golpearte, apuntas el borde del balde hacia ese alguien para que su puño dé contra el agua. Un poco de agua salpicará sobre él, pero no sobre ti. Y cuando él saque la mano del agua, ni siquiera podrás decir que su mano estuvo allí dentro. No quedará rastro. Después de unas cuantas "peleas" de este tipo, la persona probablemente deje de empujarte, porque se dará cuenta de que no está funcionando; todo lo que consigue es terminar mojada.

Tú sigues volteando el balde en actitud de "no-resistencia" y la gente que te ataca comprobará que sus acciones no te intimidan. Cuando sacan su puño del agua, lo que queda allí representa la influencia que tienen sobre ti. Cuando dejan de influenciarte tanto, te vuelves más tú mismo, y cuando te vuelves más tú mismo (y menos lo que los otros quieren), dejas de estar tan tenso. Cuando tus tensiones disminuyen, liberas de presiones tu campo de fuerza áurico y permites que el Espíritu entre en ti más y más. Construyes el poder de la energía de la Luz alrededor de tu cuerpo.

Sintonización con la Luz Superior

Dios vive dentro de ti. No puedes encontrar a Dios fuera de ti mismo. Debes mirar adentro para encontrar a Dios. Cuando se creó la Tierra, los instruidos y viejos sabios se preguntaron: "¿Dónde colocaremos en el hombre este enorme poder, energía y Luz que es el Espíritu de Dios?". Uno dijo: "Pongámoslo en las montañas más altas". La respuesta fue: "No, porque el hombre explorará cada cima de las montañas y lo encontrará". Otro dijo: "Coloquémoslo en las profundidades del océano", y la respuesta fue: "No, el hombre explorará allí también y lo encontrará". ¿Dónde podrían colocar el Espíritu para que estuviera protegido y sólo los sabios y los fuertes lo pudieran encontrar? Y decidieron ponerlo dentro del hombre, donde sería al mismo tiempo fácil y difícil de encontrar. Aquellos que lo encontraran adentro tendrían también la sabiduría de usarlo correctamente, de usarlo con amor.

Jesús dijo que el Reino de los Cielos está adentro. También dijo que el Padre vive en los Cielos, por lo tanto, Dios vive dentro de ti. En un sentido, Dios nos necesita tanto como nosotros a él, porque somos manifestaciones de Dios en este nivel. Dios vive a través de toda la humanidad y a través de todas las cosas en la Tierra. Eres un niño de Dios, un hijo de Dios, una hija de Dios.

A medida que manifiestas mayor Luz y amor en este mundo, te vuelves ese hijo de Dios de una manera más plena. Comienzas a sintonizarte con el Espíritu adentro, con la Luz, y la usas para elevarte y crear dicha para ti y para otros. Te sintonizas con el amor dentro de ti, con ese amor que Dios siente por ti y lo usas para dar amor a todos aquellos con los que te encuentras. En realidad, es muy sencillo. Es tan sencillo que se te escapa la mayor parte del tiempo.

Jesús manifestó el poder del Espíritu, al cual estaba sintonizado, de maneras extraordinarias. Manifestó que era en verdad el Hijo de Dios. Demostró la Luz y el amor que habían adentro, y mira lo que pasó. Es cierto que cuando comienzas a hacer el trabajo de Dios, aquellos que viven en una conciencia más oscura tratarán de detenerte. Harán todo lo que esté en su poder para detenerte. Cuando estés expresando ese amor y Luz que hay dentro de ti y alguien comience a atacarte, aquiétate e invoca la Luz, pide que el poder del Espíritu te rodee para protegerte y guiarte, y él se hará presente para ti. El asunto es que esas personas que están en la oscuridad estarán en la Luz tan pronto como enciendas la Luz. Aquellos que tienen un gran poder en la oscuridad, si les llevas la Luz, tendrán ese mismo poder en la Luz.

De la única manera en que la oscuridad tiene poder sobre ti es si tú te rindes ante esa fuerza. Si miras hacia la oscuridad y ves tu propia intolerancia, fanatismo, prejuicios, irritación, depresión, odio, disgusto, etc., la oscuridad tiene el poder de derribarte. Pero si sabes que todas esas expresiones que estás viendo son sólo una imagen falsa de ti y no reflejan a tu ser verdadero, no tendrán poder sobre ti. Puedes reconocer la imagen falsa sin rendirte ante ella. No te rindas ante la confusión y tampoco te rindas ante la duda. Cuando éstas te invadan, pide la Luz. Pide ver la verdadera imagen de ti mismo, pide estar consciente del amor, de la Luz y de la energía del Espíritu adentro. Ello te elevará y encontrarás que el poder de la Luz es más grande que el poder de la oscuridad.

No siempre es fácil sintonizarse con la Luz. Éste es un planeta negativo: parece que estamos acostumbrados a expresarnos negativamente. Si estás conduciendo y alguien choca tu auto, sales del auto listo para "matar" a esa persona. Estás dispuesto a destruir la creación más grande de Dios por algo que inevitablemente va a ser desechado en un par de años. Podrías tomarte un momento para comprender que la otra persona probablemente esté tan asustada como tú, que ella no quería chocar tu carro ni producir dolor ni confusión en ninguno se ustedes dos. Ella no quería arruinar ni tu vehículo ni el suyo, y probablemente esté tan angustiada por la situación como tú lo estás. Cuando llegas a ese tipo de comprensión, la comunicación realmente puede comenzar a fluir entre tú y la otra persona, que también es una criatura de Dios. Y ese intercambio de amor es más importante que esa cosa mecánica que llamas **tu** auto.

En caso de que todavía no lo sepas, es muy hermoso invocar la Luz y pedirle que rodee y proteja tu auto cuando estás conduciendo. Si tomas esa energía del Espíritu y la visualizas alrededor de tu auto completo, comprobarás que sencillamente no tienes accidentes. Puedes estar cerca, pero te salvas. Tal vez veas que estás más alerta, que adviertes toda clase de cosas que ordinariamente no notas. Podrías darte cuenta de que el hombre del auto de adelante está discutiendo con su esposa..., y comprender intuitivamente que conducir detrás de un hombre que está peleando con su esposa, no es muy seguro y te alejas de él. Es la Luz trabajando para ti. Es posible que estés apurado y que oprimas el acelerador por encima del límite de velocidad y de repente, te encuentres conduciendo dentro del límite justo cuando una patrulla pasa por tu lado. La Luz trabaja de muchas maneras. Puede que la Luz no trabaje para ti haciendo milagros grandes y obvios, pero es posible que te encuentres haciendo los movimientos precisos en el momento oportuno, lo que permite que tu vida fluya fácilmente hacia situaciones que te producirán alegría.

Cuando trabajas con la Luz vives dentro de la protección más absoluta que existe. Es tan perfecta y tan absoluta que puede que ni siquiera tengas conciencia de que te están sacando de situaciones potencialmente funestas para ti. Tal vez te quedes atascado en el tráfico o te retrases de otra manera, y más tarde descubras que podrías haberte involucrado en una tremenda estrellada en tu camino si hubieras llegado a tiempo. Has escuchado historias de personas que perdieron un vuelo por toda suerte de extrañas razones, y ese avión se estrelló sin dejar sobrevivientes. ¡La Luz en acción! Cuando te retrasas o te quedas atrapado en algún acontecimiento inesperado, quizás nunca llegues a saber que eso sucedió para protegerte de algún desastre. Así que no juzgues tu experiencia apresuradamente. Lo que consideras una molestia puede ser tu mayor protección, la mayor manifestación del Espíritu trabajando en tu vida.

Podrías pensar que usando la Luz como protección, puedes transitar por un callejón oscuro en medio de la noche sin que te pase nada. Pero si la Luz está realmente trabajando para ti de la manera más elevada, podría no tenerte transitando por un callejón oscuro en medio de la noche. Estarías en algún otro sitio, protegido de cualquier daño. Usar la Luz no implica ser irresponsable en tus acciones.

La Luz funciona de la manera que funciona. No siempre funciona como tú crees que debería funcionar, o como te gustaría que funcionara. Es la fuerza más poderosa en el planeta y la fuerza más poderosa en tu vida. Si estás abierto a ella y desarrollas una conciencia de ella y aprendes a fluir con ella, encontrarás que tu vida se desenvuelve de la manera más bella, dinámica, creativa y amorosa que puedas imaginar.

# El Ejercicio de la Conciencia Espiritual

Mucha gente, al comenzar a trabajar con la Luz y en su propio desarrollo espiritual, se involucran en un proceso de meditación o de ejercicios espirituales. Estos procesos están diseñados para elevarte hacia un estado más claro, un estado en el que las preocupaciones del mundo dejan de interesarte tanto y te involucras menos en los muchos laberintos de las relaciones interpersonales humanas. Los ejercicios espirituales tienen como propósito brindarte la oportunidad de percibir la realidad de tu situación más claramente y llegar a algunas elecciones sensatas para ti.

Sin embargo, puede haber algunos tropiezos. La gente suele escuchar o sentir que le dan instrucciones durante sus ejercicios espirituales. Y a menudo me preguntan: "¿Qué pasa con la instrucción que escuché internamente? A veces, escucho una voz diciéndome que haga algo, y yo pienso que por el hecho de llegarme durante mis ejercicios espirituales significa que está en orden. ¿No es así?", y la respuesta es: "No, no necesariamente".

Yo le aconsejo a la gente que no estén muy ansiosos de obedecer las instrucciones que perciben durante la meditación o los ejercicios espirituales. A medida que vas entrando más profundamente en tu propia conciencia, hay muchísimos niveles y procesos que se activan durante los ejercicios espirituales. Y ciertamente no todos reflejan una comunicación clara y positiva.

Se cuenta la historia de un hombre que escuchó una voz durante su meditación, indicándole que fuera a Las Vegas:

"Vamos a Las Vegas: vamos a ganar mucho dinero". Así que juntó todo su dinero y sus cosas de valor y partió a Las Vegas. Fue a la mesa de la ruleta, sacó veinte dólares y esperó. La voz interior dijo: "Catorce rojo", así que él dijo: "Catorce rojo". La rueda giró y la bola paró en el catorce rojo. Pensó: "¡Qué fantástico!". Tomó sus ganancias, esperó y la voz dijo: "Doble cero", así que movió todas las fichas al doble cero; la rueda giró y la bola paró en el doble cero. El hombre pensó: "¡Esto es absolutamente increíble!". Tenía fichas desparramadas sobre el borde de la mesa, así que tomó la escritura de su casa, la tarjeta de propiedad de su auto, todos los certificados de sus acciones, los puso juntos y esperó. La voz dijo: "Treinta y tres". Entonces apostó todo al treinta y tres. La rueda giró y se detuvo en el veintidós. Él gritó: **"¡¿VEINTIDÓS?!"**, y la voz interior dijo: "¡Maldita sea!".

Esta historia demuestra lo confiable de muchas de esas voces que oyes internamente. Pueden ser realmente locuaces hasta que pasa algo malo. Entonces, por lo general, ni siquiera escuchas: "¡Maldita sea!". No escuchas nada. De repente todo se queda silencioso. Y tú te quedas con la responsabilidad de corregir el error.

¿Realmente crees que la voz interior que es tu verdadera dirección te diría alguna vez: "Toma todo tu dinero y ve a Las Vegas"? Puede decir: "Ve y chequea esta idea con tu pareja. Es mejor que alguien te aconseje si ésta es una acción sensata y práctica para ti. Tal vez deberías practicar con la lotería diariamente en el periódico durante los próximos dos años, sin arriesgar dinero y ver cómo te va". Dices: "¿Dos años? ¡No puedo esperar tanto!". ¿No puedes? Entonces, ve y piérdelo todo hoy. Así que, ¿puedes esperar dos años? Si sientes la imperiosa necesidad de hacer algo de inmediato, puede muy bien ser que tu codicia te esté impulsando. Y que al final pierdas, aun cuando estés ganando provisoriamente. Si te mueve la codicia, incluso tus ganancias serán una maldición sobre ti, y la primera vez que pierdas, te lanzarás a hacerlo de nuevo pensando que quizás podrías ganar esta vez. ¿Tiene algún límite la codicia? ¿Alguna vez será suficiente?

Cuando escuches dentro de ti lo que parece ser una instrucción interna, una guía interna, chequéala. Sé inteligente en ese nivel. Sé práctico. Usa tu sentido común. Eres inteligente si descartas cerca del noventa y nueve por ciento de lo que escuches. Cuestiona en detalle la mitad del uno por ciento restante. Y el cero punto cinco por ciento que queda, revísalo también detalladamente para ver sí funciona para ti. Si haces eso, estarás en un territorio muy seguro y sensato. Y no sentirás que te engañaste a ti mismo a través de una meditación falsa.

Sé selectivo. Intenta discernir al Espíritu que sientes que está comunicándose contigo. Revisa tus niveles cuidadosamente para ver si puedes detectar de dónde viene esa comunicación ¿Proviene del pasado programado por tus padres o por tu escuela? ¿Proviene del ser básico tratando de completar algún patrón del pasado? ¿Proviene del nivel del miedo, en que no se quiere enfrentar la realidad? Existen muchas posibilidades.

A veces, la persona escucha una instrucción durante una meditación. Luego la toma, la amplifica, la dramatiza y construye sobre ella, hasta que ésta se transforma en un "proyecto" enorme que la persona siente que se le indicó que hiciera. Ese proyecto puede ser sólo una interpretación del mensaje original, y la interpretación puede ser tan desatinada que no guarde relación alguna con el original. La persona que escuchó el mensaje es posible que se ponga a trabajar arduamente, pensando que es un proceso de iluminación dado por Dios, pero puede tratarse de una "doctrina falsa". La gente ha matado pensando que Dios la guió en esa dirección; sin embargo, muchos pueden mirar racionalmente la acción y decir: "De ninguna manera. Dios nunca haría salir a nadie a matar a otro". Pero el asesino pudo haber pensado que era una gran idea. Estoy seguro de que Hitler creyó que tenía una gran idea, lo mismo que Maquiavelo. Esos son ejemplos un tanto burdos, pero el proceso puede suceder de una manera sutil como de maneras más obvias.

Pon a prueba al Espíritu. Verifícalo. Anticipa las consecuencias y el resultado de cualquier acción que decidas llevar a cabo. Mirar en retrospectiva con frecuencia suele ser una visión perfecta. Anticípate y ve si puedes usar la retrospección antes de la acción. Usa tu sentido común. Usa las reglas espirituales que dicen: "Cuídate a ti mismo y cuida a los demás. No te lastimes ni lastimes a otros". Ésas son dos reglas espirituales sobre las cuales basar tu vida, dos reglas que nunca te meterán en problemas. Son enseñanzas que provienen del Espíritu. Cualquier cosa que vaya en contra de esas enseñanzas no es del Espíritu.

Cuidarte a ti mismo primero y luego cuidar a los demás, te conduce a la objetividad en tu conciencia. No lastimarte ni lastimar a otros, también te conduce a la objetividad. La objetividad significa estar vigilante; es positiva y amorosa. Cuando eres objetivo, te amas a ti mismo primero. Te cuidas a ti mismo primero. El punto de vista objetivo no es ni frío ni calculador. Es el punto de vista libre y amoroso.

El punto de vista frío y cruel proviene de personas que te manipulan en contra de ti mismo. Y una vez que han conseguido sus fines, te abandonan. Mientras sigas aceptando lo que ellos sugieren, continuarán haciéndolo. Tú los abrazas y ellos te usan y te manipulan hasta que te someten. Cuando te tienen sometido comienzan a dejarte en paz y como te sientes mejor respecto a ellos, comienzas a amarlos. Te dan palmaditas en la espalda, te hacen sentir bien, te dan aprobación y te premian; y tú, pensando de manera negligente, imaginas que tu bondad y tu amor los salvaron, siendo que ellos, desde un principio, te manipularon consiguiendo someterte y logrando que les dieras exactamente lo que querían. Tú piensas que salvaste sus Almas y que los cambiaste. ¡**Perdiste**! Te abandonarán a tu suerte cuando acaben contigo.

No te vendas barato, cuídate. Mantén tu dignidad y el respeto por ti mismo. Mantén la objetividad. Si estabas haciendo el papel de tonto, admítelo. Di: "Sí, lo hice". Eso es ser objetivo y responsable al mismo tiempo.

También es ser objetivo expresarle sin rodeos a la gente la verdad de lo que sea que esté presente para ti. Si te dicen algo que concuerda con tu experiencia, está bien decir: "Sí, lo veo. Lo entiendo". Si te dicen algo que no concuerda contigo, está bien decir: "Eso puede ser cierto para ti, pero yo no lo veo de la misma manera. Y como no puedo verlo así, no me afecta. No voy a dejarme influenciar". Eso es ser leal a tu propia conciencia, y te permite funcionar dentro de los parámetros de tu propia objetividad amorosa.

Las personas suelen tratar de que les sigas la corriente. Con frecuencia piensan que escuchan esa "indicación interna" más claramente que tú, creen que su idea es mejor que la tuya. Pero la de ellas puede ser una "doctrina falsa" de comienzo a fin. Por eso es que debes chequear a todo el mundo. Debes chequearme a mí y mis enseñanzas. Nunca le he dicho a nadie que me crea o que confíe en mí. Sería insensato. Sería llevarte a tu ruina.

Lo que yo enseño es, y siempre lo ha sido, que debes comprobar todas las cosas por ti mismo. Eres libre de usar lo que sea que te funcione. Eres libre de ignorar lo que sea que no te funcione. No me importa ni lo uno ni lo otro, y tampoco a ti debería importarte. La objetividad debería estar presente en los dos sentidos. Y si ambas personas son objetivas, es sorprendente cómo la confianza surge. Luego, cuando tú das, lo recibes de vuelta. Y al dar yo, lo recibo yo de vuelta.

Mi amor está basado en mi amor, no en lo que alguien haga. Siempre es el amor el que eleva. Es el amor el que puede trascender todos los demás niveles. Pero debes tener la inteligencia de verlo, debes tener el coraje para participar, debes tener la tenacidad para volver siempre al amor a través de todas las cosas.

No tengas miedo de mirarte a ti mismo. Si algo está mal, descúbrelo **ahora**. Aun cuando hayas pasado treinta años expresándote de una manera determinada, si está mal, está mal. Abandónala. Si eres listo, la dejarás ir tan rápido que todo el mundo se preguntará qué pasó.

Si te estás cuidando, harás cosas buenas para ti. Harás aquello que privilegie tu salud y tu bienestar. Y harás lo que sea necesario para estabilizarte y conectarte con el amor que es tu Espíritu.

Cuando estés cuidando a otros, debes involucrarte en sus vidas objetivamente: los elevarás y los apoyarás amorosamente en todo momento. Estarás ahí en el momento en que te necesiten y verás claramente cómo ayudarles. Verás con claridad cuándo sea el momento de dejarlos solos; cuándo ellos deban completar y cumplir con lo que han creado. Los apoyarás mientras crecen. Y cuando puedan aceptar tu amor y tu Luz, estarás ahí para ellos. Sé objetivo en tu vivir y deja que el amor se haga presente.

Trascender la Línea del Tiempo

Puedes bloquear tu objetividad, es decir, tu capacidad de percibirte a ti mismo y a otros de una manera clara y objetiva, al caer en comparaciones tales como: "Él medita más tiempo que yo", "Yo hago más ejercicios espirituales de los que ella hace", "Esas personas son más devotas a Dios que yo", "Estas personas no son tan buenas. Mira lo que hacen", etc. Cuando haces esto, comienzas a ver a toda persona como alguien con quien compararte y ver dónde encajas tú. **No encajarás en ninguna parte mientras estés en un proceso de comparación**. No habrá lugar para ti. Estás sentado en una línea temporal que se extiende hacia atrás y hacia adelante partiendo del **hoy**. Mañana, ayer, mañana, ayer, mañana, ayer: entonces parece que nunca llegaras **aquí**.

Para estar en el aquí y ahora debes ignorar la línea del tiempo. Para lograrlo, primero apártate de otras personas, inclusive poniéndote tapones en los oídos y una venda sobre los ojos; haz lo que sea para deshacerte de todas las distracciones, de todas las perturbaciones atractivas que te rodean y que te impiden tomar conciencia de tu **propio Ser**. Mantén tu conciencia fluyendo en una corriente de energía positiva y dirigida. Luego, si quieres, puedes recostarte y mirar hacia el espacio.

En la medida en que te sintonices con tu Ser interno, podrás percibir que comienzas a calmarte, entonces puedes comenzar a sentirte **uno** contigo mismo y tal vez empieces a caer en éxtasis. Resiste el impulso de saltar y correr a contarle a alguien tu experiencia. Si tienes la cara y los ojos llenos de nieve, puede resultar difícil explicar que has estado mirando al espacio. Si tus pestañas chorrean agua, puedes no sonar muy verosímil cuando digas que estuviste mirando extasiado la lluvia. ¿Realmente puedes relatarle a la gente sobre estos niveles? Puedes, desde luego, pero tal vez sea difícil de entender para ellos.

¿Alguna vez has visto a alguien "volarse" mientras conducía en una tormenta, encontrando realmente difícil mantener la concentración necesaria para conducir de manera segura? ¿Alguna vez te has "perdido" mirando el fuego? ¿Alguna vez te has sentado frente al océano a mirar las olas y escuchar la rompiente hasta quedar extasiado y atrapado en el momento? Estas experiencias anulan por un momento la línea de tiempo. El tiempo, en el sentido convencional, el tiempo medido comparativamente cesa de existir en esos momentos. Algunas personas catalogan este tipo de fenómenos como un trance hipnótico. Y por deducción, lo catalogan como "malo". Según esa misma deducción, sería mejor estar sentado y preocupado respecto del ayer, del mañana, del ayer, del mañana, etc. ¿Es mejor aquel que se preocupa, o aquel que contempla el espacio donde no existe el tiempo y sólo tiene una sensación de elevación y éxtasis? Da para pensar. Nunca se ha sabido que la preocupación haya llevado a grandes soluciones o a grandes resultados. Pero entrar en un estado "atemporal" puede aclarar efectivamente la mente, dejando espacio para que el intelecto creativo resuelva muchas cosas.

En un estado "sin tiempo" no estás inconsciente. Puedes más bien estar en un estado de conciencia de percepción exacerbada, en un estado de conciencia muy elevado. No te preocupes por lo que vayas a hacer cuando comiences a regresar. Sólo ve tras ese sentimiento de dicha. Vas a ser capaz de manejar el regreso cuando desciendas... **si** es que desciendes. Hay una gran probabilidad de que la altura en la que comenzaste sea tu nuevo nivel bajo, así que tienes la posibilidad de establecer niveles nuevos y más altos. Tal vez lo sientas extraño o peculiar al comienzo. Y es posible que la gente te ponga muchos apodos tratando de separarte de tu experiencia. Si quieres darle "peso" a sus palabras, desciende y entra en la línea del tiempo de ellos, y ve cuánto progreso no estás teniendo debido al año pasado, o al mes pasado, o al fracaso que podría ocurrir en las próximas tres semanas. Entra con ellos en esto que llamamos la carrera de las ratas.

Como con la mayoría de las cosas, este proceso de escapar a la línea del tiempo puede usarse positiva o negativamente. En este mundo no siempre es bien visto caer "en éxtasis" en un espacio "atemporal". Pero, en última instancia, ese espacio donde no existe el tiempo y donde puedes tener una clara conciencia de tu propio Ser es más real que ninguna otra cosa. Y mientras vivas en el nivel físico, también tienes que ocuparte de la realidad física. Así que debes aprender a entrar y salir de la línea del tiempo para aprovechar ambos lugares a tu favor.

Cuando enseñaba en un colegio hace muchos años, noté que muchos jóvenes pasaban bastante tiempo soñando despiertos, en vez de poner atención al material académico que se les presentaba. Soñar despierto te saca de la línea de tiempo y te lleva a un espacio sin tiempo, pero tal vez no te sintonice contigo mismo o te eleve a un estado de conciencia muy alto.

Recuerdo a un joven en mi clase que había robado treinta y dos autos antes de que nadie sospechara que él **podía** robar autos. Era un "tontito" en muchos niveles, pero seguro que era bueno robando autos. Había conducido los vehículos hacia un acantilado muy elevado y luego los había lanzado al vacío para verlos rebotar. Yo no sabía esto, pero un día cuando estaba hablando con él, vi que súbitamente se "salía" de su conciencia. Como yo tenía la habilidad de seguir los patrones de pensamiento, decidí que daría un vistazo al proceso en el cual él se había metido. El joven comenzó a desplegar un escenario en su mente y vi el proceso que involucraba el robo de los autos y, luego, su preocupación de ser atrapado por la policía. En sus fantasías, él estaba fuera de la línea del tiempo, pero en la realidad objetiva de lo físico, él estaba establecido en una línea del tiempo que eventualmente lo atraparía y sería detenido por robar.

Finalmente le pregunté:
—¿Por qué estás tan preocupado?
—Porque es posible que me atrapen con el próximo auto que robe—admitió.
—¿Cómo vas a manejarlo?—le pregunté.
—Creo que soñaré despierto como siempre—dijo, encogiéndose de hombros.
—Seguro—le dije yo. ¿Por qué no lo haces? Pero, mientras tanto, te apuesto a que me sé más partes de un auto que tú.

Eso atrajo su atención, lo llevó hacia la línea del tiempo de lo físico y lo alejó de su patrón negativo de soñar despierto.
—¡A ver!—me retó.
—Traigo papel y lápiz y te escribo las palabras. Tú nombra tantas partes de un auto como puedas y cuando termines, te diré la que te falta.

A él le encantó el desafío y en el momento pudo enumerar muchas partes de un auto que yo ni siquiera sabía que existían. Hubiera podido derrotarme cien veces, pero **él** no lo sabía y yo sí. Llenamos páginas y páginas con nombres. Finalmente se le acabaron las palabras. Para mí, él había nombrado todas las partes que había, excepto **el parabrisas**. Y por supuesto, ¡gané! Su omisión era un indicativo de su estado de conciencia.

Ese desafío resultó ser el terreno en común entre este joven y yo. A partir de entonces fui capaz de enseñarle a deletrear, a escribir, a escuchar, a leer y muchas otras cosas. Y **ese** día en particular, podría decir que estuve enseñando acerca del "parabrisas". Tal vez no tuviera mucho sentido para un observador externo, pero fue un proceso supremamente válido.

En los sueños despiertos no existe el tiempo: ni ayer, ni hoy, ni mañana. A veces, la meditación no es más que un glorioso soñar despierto. Piensas: "Si pudiera ser exactamente así...", y vas e imitas el "ideal". Por un momento te sales del río de la vida y puedes verte rodando río abajo. Desde la posición elevada puedes ver que lo vas a hacer bien y, de hecho, podrías planear con antelación un desvío para potenciales desastres. El peligro de soñar despierto es que te puede atrapar tanto que se convierta en una evasión: nunca dejas de hacerlo el tiempo suficiente como para completar en el mundo físico la realidad objetiva.

Existe un tiempo y un lugar para que ambas cosas funcionen **dentro** de la línea del tiempo y **fuera** de la línea del tiempo. Idealmente, existe un equilibrio. Salirte de la línea del tiempo te permite elevarte con naturalidad hacia un estado de conciencia alterado, desde el cual puedes tener una perspectiva diferente de tu vida y tus relaciones. Pero **permanecer** fuera de la línea del tiempo podría provocar que seas ineficiente en tu patrón de vida y, en casos extremos, prestarse para que seas incapaz de llevar una vida productiva y normal. Por otro lado, mantener siempre esa línea del tiempo rígida podría volverse destructivo al no otorgarte nunca un espacio para ser "tú", tendiendo a perder contacto con la esencia interna de ti mismo. Tienes la tendencia a quedarte atrapado en puntos de referencia externos y en expectativas externas.

Cuando te sales del cuerpo físico y te elevas lo suficiente en la conciencia, encuentras que todo sucede aquí y ahora. Cuando asciendes lo suficiente, no tienes que mirar el espacio, observar el fuego, soñar despierto o usar tu imaginación. Estás fuera del tiempo desde una conciencia elevada. No miras el camino que quedó atrás ni el camino hacia adelante, miras directamente: no a través de la ilusión, la alucinación, los castillos en el aire o una urgencia de tu aparato reproductivo. En la conciencia superior no quedas atrapado en esas áreas inferiores, ya que estás lo suficientemente alto como para ver claramente.

El gran desafío consiste entonces en regresar con suavidad a la conciencia física, a la corriente de la vida, moviéndote a través de todas sus cascadas y rápidos con total conciencia. Aprendes a salirte de la línea del tiempo y a regresar a ella con práctica, práctica y más práctica.

La corriente de la vida fluye constantemente y es difícil, si no imposible, salirse de ella. Ésta debe completarse. Es la lección y no se puede evitar. Los que crean que están teniendo éxito en evadirla descubrirán más adelante que reencarnaron en otra vida y que asumieron el mismo nivel de conciencia y continuaron ahí donde dejaron las cosas. Si tienen suerte, seguirán adelante y lo lograrán.

El nombre del juego es completar y, siendo así, muy bien podrías hacerlo ahora mismo. Que te ocupes de tu vida **ahora mismo** significa que no vayas ni al ayer ni al mañana. Comienzas a elevarte hacia una conciencia más elevada y al hacerlo, descubres que sólo hay **una** conciencia, y cuando fluyes en esa conciencia importa muy poco lo que haga tu cuerpo físico.

Yendo hacia adentro es cómo encuentras la conciencia que es **una** con todo. El Espíritu está adentro. El Reino de los Cielos está adentro. La fuente de poder está adentro. El Padre está en los Cielos. Si no me crees, piensa en lo que sucede cuando alguien muere. ¿Desaparece el cuerpo? No, se queda aquí y eso se puede ver, pero no se mueve. La fuente de su poder se ha ido: es algo interno. Por eso decimos que la energía que le da poder al cuerpo reside adentro. Puede llamársele Alma, energía cósmica, electricidad, energía pránica; llámala como quieras, pero debes tomar conciencia de que efectivamente existe. Esta energía espiritual fluye de adentro hacia afuera. Así que el proceso de ir hacia adentro —ya sea que lo llames ejercicios espirituales, meditación, contemplación, soñar despierto o pescar— puede ser un proceso difícil de mantener, porque al tratar de ir hacia adentro, en realidad te estás moviendo contra la corriente de energía. Es como nadar contra la corriente.

En tanto acometas la meditación como un estado pasivo de conciencia, a menudo te quedarás atrapado en los sentidos. La mente alza vuelo, las emociones se activan, el estómago gruñe: "¡Tengo hambre!", y ya te has salido de la meditación, estás afuera en el mundo de nuevo. La energía te ha forzado a salir. Esa sintonización interna puede volverse muy, pero muy difícil de sostener.

En última instancia, no se te puede impedir que alcances eso que estás buscando. Lo encontrarás en algún momento. Todo el mundo encontrará el reino adentro; la herencia y la promesa les pertenecen a todos. Moisés abrió el Mar Rojo y Jesús caminó sobre las aguas probando que se puede hacer. Sus acciones asentaron la posibilidad dentro de todo Espíritu humano. En esta época, el desafío es encontrar el corazón espiritual, el amor viviente, el Bienamado adentro. Ya no buscamos los milagros afuera, sino los milagros internos de amor, de verdad y de hermandad.

Destrona el ego y déjalo ser. Deja morir las cosas viejas y renace de nuevo a la vida. Debes morir a la línea del tiempo antigua y acoger la nueva. Renuncia a la vieja programación y reprográmate de acuerdo a las nuevas cosas que quieres. La responsabilidad por este cambio yace dentro de cada persona. Nadie lo hará por ti. Debe hacerse individualmente desde el corazón interno. Las formas externas de ritos o patrones de comportamiento no necesariamente te van a ayudar. De manera individual debes retirarte de la línea del tiempo de las masas; debes individualizar tu propia conciencia espiritual y luego elevarla. Hay técnicas que pueden ayudarte, pero las técnicas no lo harán por ti. Una técnica sólo funciona en tanto trabajes con ella. Cuando dejas de trabajar con ella, puede volverse vacía y sin sentido. Al reprogramarte y reacondicionarte podrás usar muchas técnicas. Es posible que algunas funcionen por un corto tiempo, pero lo suficiente como para que consigas una técnica mejor.

Usa todo lo que te funcione y úsalo mientras funcione. Luego, encuentra la siguiente cosa que funcione. La idea es seguir avanzando sin parar hacia nuevas experiencias…, porque eso te conducirá hacia tu propio corazón espiritual y al conocimiento de Dios.

Puedes habitar en los reinos celestiales mientras tu cuerpo físico recorre este reino, despejando y disolviendo todas las deudas kármicas.

Existe Mucho Más de lo que se Ve con los Ojos

Capítulo Nueve

La mente del ser humano es muy parecida a una grabadora. Graba lo que sucede y luego tú te dedicas a seleccionar y a catalogar la información para usarla posteriormente. Una actitud ante la vida como ésta podría causarte distintos grados de sufrimiento porque gran parte de la información que recibes no puede ser catalogada y tampoco usada como punto de referencia, pues es "sólo información". Si tratas de vivir de algo que es "sólo información" puedes estar programándote para mucho dolor. Lo único que puedes vivir es tu experiencia. Lo único que puedes conocer es la validez de tu propia experiencia y cómo hacerla funcionar para ti.

Es importante que tomes conciencia de que la esencia de la experiencia consiste en involucrarse en el tiempo y el espacio en esta dimensión, y de que todo lo que estás atrayendo hacia ti es para tu crecimiento. También es importante recordar que no hay separación entre tú y tu Espíritu. Cuando hablo de cosas espirituales, no estoy hablando de una acción invisible en contraposición a la acción física: estoy hablando de la totalidad del ser. Si te separas del Espíritu al decir: "Soy un ente físico y el Espíritu es invisible", tal vez estés emitiendo un juicio sobre tu conciencia que podrías lamentar más adelante.

Mucha gente se comunica con el mundo a través de la mente intentando asumir una identidad sobre la cual basar su conciencia. Esto puede ser un disparate. Probablemente, si revisas tu vida hacia atrás reconozcas la verdad de lo anterior. Tan pronto fijas tu conciencia en algún área específica, te comienzas a aburrir o a sentirte insatisfecho con eso; entonces, buscas otras cosas en las que fijar tu conciencia. Pero cuando alcanzas esa nueva cosa, de nuevo te sientes descontento. Tal vez te sientas satisfecho por un breve momento, pero la satisfacción es de corta duración, así que te quedas ahí muy poco tiempo antes de salir corriendo de nuevo hacia el mundo físico.

Cuando cesas la carrera física y mental de andar de aquí para allá, cuando dejas de leer todo libro de "información" que pase por tus manos, cuando dejas de programar la grabadora de tu mente, experimentas lo qué es la paz y dejas que surja la esencia que es divina, llevando tu conciencia hacia aquello que es el Espíritu. Cuando haces esto, estás en un estado de ser. La mente se aquieta. Las emociones se aquietan. La actividad física se equilibra. Y tienes la posibilidad de entrar en un estado de dicha.

El estado de dicha está resguardado y protegido, y poca gente llega hasta allí. Lo que lo resguarda y lo protege es un espacio vacío. Cuando las personas se encuentran con ese vacío, flaquean: desisten y regresan de nuevo al mundo de la ilusión y atraen "información" hacia sí, tratando de encontrar su identidad en el mundo. Sería hermoso si eso funcionara, pero la mayor parte del tiempo no es así. De la única manera que veo que podría funcionar es que tuvieras un suministro infinito de bienes materiales que pudieras usar y abusar hasta cuando quisieras. Entonces, si tuvieras la garantía de vivir por varios miles de años para poder atravesarlo todo, completarías esa experiencia. Habiendo pasado por todas las cosas en el mundo físico, podrías dejarlo todo. El **otro** camino es ir directamente a la esencia del Espíritu divino, habitar allí y tener todas las cosas en conciencia espiritual. Este camino puede ser mucho más rápido si quisieras ser un poco menos codicioso e impaciente.

Cuando te sientas por unos minutos y miras hacia adentro, ya sea meditando o haciendo ejercicios espirituales, sueles tropezarte con tu grabadora y entonces aprietas el botón de reproducción. Y reproduces el ambiente estancado y deprimente de cosas que has atravesado. De hecho, puedes sentir como que estás vomitando hacia tu interior, lo que no es nada agradable. Este proceso puede sacudirte, y el remezón podría ser una forma de terapia si te desligara de aquello que está corrompiendo tu conciencia. Cuando el Espíritu Santo, la Luz y la conciencia del Viajero se convierten en una fuerza vital en tu vida, si tienes algo escondido puedes apostar a que va a ser expuesto para que lo mires. Y a algunas personas esto les parece insoportable. Los que pueden enfrentarlo tienen la posibilidad de tomar la decisión de ser libres. Y esa libertad es conocida por sus resultados y no por creer simplemente que eres libre.

Si consideras tu conciencia como un iceberg enterrado en el océano, sabes que lo que se ve es sólo el diez por ciento del total. El noventa por ciento está por debajo del nivel "visible". Si sientes que tienes que romper o disolver tu iceberg, puedes comenzar trabajando desde la cima dónde se ven los extremos protuberantes. Los puntos dentados podrían ser atacados rápidamente; los miras y te das cuenta de que las áreas más débiles son ésas que sobresalen, ya que no están apoyadas sobre un cimiento sólido. Cuando empiezas a acometer esas áreas que son inseguras, es posible que escuches un estruendo y sientas que todo el iceberg se estremece mientras van cayendo esas partes. Y cuanto más desarmes esas áreas inseguras e inestables, más aflorarán partes del iceberg que antes no veías. Luego, puedes trabajar también esas áreas y descubrir que están tan fuera de equilibrio debajo del nivel "visible" como las de arriba. Demasiado a menudo tienes muchas situaciones profundas fuera de equilibrio, camufladas con palabras lindas e ingeniosas, procesos mentales inteligentes y bellas imágenes ilusorias. Todo eso te permite no mirar hacia el lugar dónde, en última instancia, tienes que mirar.

Te desenvuelves en muchos niveles de conciencia, estés o no consciente de ello. Es muy útil que sepas lo que más puedas sobre esos niveles de tu ser, porque así serás capaz de tomar decisiones y hacer elecciones más inteligentes y conscientes, quedando menos a merced de las circunstancias.

 # Trabajar con el Ser Básico

El nivel en el que normalmente nos comunicamos con los demás es el nivel del ser consciente: somos conscientes de él. Pero descubrimos que somos mucho más que ese ser consciente y que hay otros niveles dentro de nuestra estructura. A veces, "metes la pata" o te sorprendes recogiendo algo que no necesitas y poniéndolo en tu bolsillo. ¿Por qué dijiste eso de la manera como lo dijiste? ¿Por qué tomaste ese objeto que no necesitas? Sabes que existe otro nivel que difícilmente puedes explicar, aunque a veces realmente te involucres con él. Podrías perder la calma y "explotar" y luego preguntarte: "¿¡Por qué diablos hice eso!?" Así, muchas situaciones surgen de un nivel por debajo del nivel consciente de cuya existencia en ti probablemente estés vagamente consciente, aunque sólo sea por evidencia empírica. Y a ese nivel lo llamamos el **ser básico** o el **ser inferior**. Puedes relacionarlo con el instinto animal o con áreas de recuerdos, de hábitos o de emociones. Es todo eso y mucho más.

El ser superior expresa sentimientos de gran inspiración e ideas elevadas y brillantes; produce el deseo de alzar a la humanidad en tus brazos y salvarlos a todos. La mayoría de las veces esos momentos en los cuales ves que todo es correcto y perfecto, corresponden al ser superior. A menudo, se le llama inspiración. Puedes llamarlo conciencia de Dios, conciencia Universal o conciencia de Cristo, pero para no quedarnos enredados en nombres, sencillamente lo llamaremos ser superior, conciencia superior. De modo que cada persona tiene adentro un ser superior (inspiración), un ser consciente (aspiración) y un ser básico (transpiración): los tres seres.

A todos nos gustaría expresar ese ser superior más a menudo porque puede poner la magia. Sabes que existe porque a veces **tú pones** la magia: en la forma en que puedes amar a tu pareja, sacrificarte por tus hijos o trabajar durante horas para ayudar a un amigo; la inspiración del ser superior se puede expresar de muchas maneras. A nivel consciente puede parecer como si buena parte del tiempo estuvieras en una disyuntiva de indecisiones. El ser consciente es responsable de elegir y determinar la dirección que tomes. El ser consciente y el ser superior pueden trabajar juntos y dirigirse a sí mismos bastante fácilmente, porque el ser superior es espiritual y escogerá una dirección espiritual, y el ser consciente está en proceso de purificación para volverse espiritual y, por lo tanto, también aspira a esa dirección. Al decir **Trascendencia del Alma** estamos hablando de mover la conciencia hacia el Alma, de activar el Alma de manera que pueda aproximarse más al Espíritu puro. Cuando te decides por la Trascendencia del Alma, a menudo, el ser consciente dice: "Sí, quiero hacer eso", pero hay otro nivel que añade: "Pero yo no", y esos "peros" son a los que me gustaría referirme. Esos son los bloqueos que el ser básico coloca en el sendero de la Trascendencia del Alma.

Consideremos al ser básico como si tuvieras a un niño de cuatro o cinco años dentro de ti, que **parece** tener voluntad propia y que aparentemente la usa mucho. Los niñitos de cuatro o cinco años se sienten heridos muy fácilmente. Un aspecto de su forma de expresarse es: "No me quieres, te odio". Otro aspecto es: "A palabras necias, oídos sordos". Caen en pataletas y rabietas: "¿Quién te crees que eres? ¡Me estás haciendo enfadar! ¿Cómo te atreves a prohibirme algo". En parte, sus expresiones parecieran ser una forma de venganza, pero gran parte de ellas manifiestan deseos. Eso no tiene nada de malo en pequeñas dosis. Pero si ésa fuera la fuerza total con la que estamos trabajando aquí, si se le diera completa soberanía, todos seríamos un rebaño de animales corriendo libremente por ahí, haciéndole de todo a los demás y tratando de salir impunes. Al ser consciente se le asigna el rol de equilibrar y dirigir al ser inferior y de actuar como mediador entre el ser inferior y el ser superior.

Cuando se perturba al ser básico y éste es incapaz de manejar una situación, busca algo que hacer para deshacerse de sus sentimientos de incomodidad y, a menudo, ése es el nivel de su transpiración. En consecuencia, muchas veces querrá que comas demasiado. Mientras tengas comida en el estómago, el ser básico estará ocupado digiriendo la comida y eso lo hace sentirse mejor porque está llevando a cabo su trabajo. O quiere que bebas o fumes, porque así le das algo que hacer y eso lo tranquiliza. O, a veces, el ser básico empezará a girar los pulgares, moverá nerviosamente un pie o se morderá las uñas para estar haciendo algo.

Casi siempre el ser básico quiere completar las cosas que has dejado incompletas. Ésa es una gran parte de lo hace, así que ya sabes dónde tienes que trabajar. Debes completar las cosas físicas que están en el área de incumbencia del ser básico. Hacer la cama, limpiar la casa, escribir cartas pendientes, lavar los platos, etc. Cuando completas lo que tienes que hacer, el ser básico deja de presionarte para que puedas estar calmado y conocer a Dios. Es muy difícil moverse hacia los niveles superiores antes de que el área de lo físico no se haya atendido adecuadamente.

Cuando te ocupas de las cosas en el nivel físico y comienzas a entrar en los niveles superiores, como el ser básico estará funcionando también, dirá: "Me gustas", y por primera vez tal vez digas tú: "Realmente me amo, estoy muy contento. Estoy disfrutando de las cosas. Éste es un hermoso lugar", lo que puede representar un gran adelanto. Y cuando puedes reconocer que éste es un "hermoso" lugar y que no importa que vivas aquí, verdaderamente te estás preparando para manejar los reinos internos de Luz. Mientras digas: "Los gusanos pueden quedarse con este lugar. Lo odio", estarás regresando una y otra vez.

Eso que temes (que odias) vendrá hacia ti. Eso que representa tu debilidad se lanzará sobre ti para que puedas aprender a manejarlo. Si tienes miedo del Departamento de Impuestos, te van a auditar. Deja que lo hagan. La segunda vez no será tan malo. La tercera vez sabrás qué hacer, la cuarta, serás un experto en el asunto y entonces, tal vez ya no haya una quinta vez. De todas maneras serás libre porque, para ese momento, no habrá diferencia alguna entre una y otra forma. Las pruebas no son necesariamente una tortura. Son oportunidades de revelación. Las pruebas sirven para revelarte **a ti mismo** dónde tienes que trabajar y qué tienes que hacer. Puedes decir: "¡Qué bueno!", y enfrentarlo y despejarlo. No puedes hacerle el quite, así que por qué sencillamente no enfrentarlo y despejarlo. O, si no puede despejarse inmediatamente, tal vez lo que aprendas sea a tener paciencia o a experimentar un nivel en particular para cultivar la compasión. Hay muchas posibilidades. Y todo lo que tienes que hacer en cualquier situación es aprovecharla para que te conduzca a una conciencia positiva.

Debes trabajar con tu ser básico con cooperación y amor, si quieres su apoyo. Si comienzas a regañar a tu ser básico, puedes producir artritis, reumatismo, cáncer, tuberculosis, o muchas otras enfermedades. Es tanto mejor decirle a tu ser básico: "Hiciste un buen trabajo hoy, y mañana lo vamos a hacer incluso mejor". Si dijo cosas poco sensatas, dile: "Nuestra impetuosidad nos puso en aprietos de nuevo. Debería vigilarte más de cerca" y entonces, la próxima vez ejercita tu control **consciente** y mantén la boca cerrada.

Tienes que comunicarle al ser básico que tu intención es hacer las cosas más livianas y fáciles, más totales y completas: "Esto es bueno para nosotros. Estamos haciendo esto para estar juntos". Cuando la gente habla consigo misma, la mayoría de las veces está hablando con su ser básico: "Le diré esto. Debería haberle dicho tal cosa. La próxima vez le diré esto". Sé cuidadoso con lo que programes, porque el ser básico tiene una muy buena memoria y mantendrá los patrones que hayan sido programados. Sin embargo, estoy seguro de que muchos de ustedes que leyeron lo anterior, estarán protestando y diciendo: "No, yo le estaba hablando a mi ser superior".

Viviendo la Propia Experiencia

Existe otra área de la conciencia humana que solemos llamar el "inconsciente". Es un área que puede influenciar tus acciones y tu comportamiento de una manera muy significativa, sin que estés ni siquiera consciente de ello.

A la mayoría de nosotros en la sociedad occidental se nos ha enseñado que leer es una actividad digna y valiosa para nosotros. Y como una forma de recabar información, eso puede ser así. Leer también puede afectar muchísimo nuestros niveles inconsciente y subconsciente. El peligro radica en que, en la medida en que lees un montón de libros, puedes comenzar a convertir la experiencia del autor en propia. Comienzas a reproducirla como tu propia experiencia de vida. Antes de que te des cuenta, tendrás problemas con tu ser porque estarás atribuyendo a tu propia experiencia lo que alguien escribió en un libro. Las experiencias del autor no son las tuyas. Esa experiencia sobre la que leíste es una copia y no el asunto real.

Cuando lees mucho material de gente que afirman estar en un sendero espiritual, puedes tomar la experiencia sobre la que escribieron y encontrar en ti algo que parezca relacionarse con esa experiencia. Entonces usas la experiencia **de ellos** para amplificar la tuya, cuando en verdad, tu experiencia puede no ser la misma **en lo absoluto**. Estás tratando con una copia que puede meterte en problemas, ya que dentro de poco no sabrás cuál es el fluir de la energía espiritual con la que estás trabajando y cuál es la fantasía, la copia, la reproducción y la falsificación. Esa confusión puede dificultarle enormemente a las personas que progresen en su propio sendero, a su propio ritmo. Podría bloquearlas a la Trascendencia del Alma porque estarán demasiado involucradas en las maquinaciones mentales de la palabra escrita. Sencillamente no pueden superar el bloqueo. Podrían ser bloqueados al pensar: "Este libro está escrito de una manera tan clara. Me encantan las frases, están tan bien estructuradas. Todo es tan bello. Su experiencia es magnífica; la mía no se puede comparar con esa". Estarán perdidos..., y el autor a lo mejor ni siquiera **haya tenido** la experiencia sobre la cual escribe. Puede tratarse de una combinación de diferentes fuentes. De modo que ese autor pudo haber mezclado una interpretación de alguien, publicarla como realidad y pasarla como su propia experiencia. Además, esas fuentes de las cuales el autor obtuvo **su** información tal vez también hayan sido interpretaciones de otros. No te imaginas cuán atrás puede remontarse ese proceso. Pero el resultado es que estás viviendo una copia en vez de tu experiencia real. Puedes decir: "Pero en un lugar dentro de mí siento que es verdadero y acertado". ¡El criterio de evaluación espiritual no es sólo una sensación! ¡Es una **realización**! La realización produce cambios a través de la **incitación**. No "excitación", eso indicaría un proceso externo. La incitación es interna y transforma las moléculas y las células.

Si el material específico que leíste te lleva a la realización, dicha realización producirá tal cambio dentro de ti que no volverás nunca a la perspectiva original que venías experimentando antes de leer el material. Entonces, ese material habrá sido una **experiencia** para ti y será válida. Pero si vuelves al mismo proceso de investigación y búsqueda que antes de que leyeras el material, sólo habrás jugado un juego porque no habrás enriquecido tu experiencia.

La idea de no leer choca contra la naturaleza más profunda de nuestra sociedad y contra nuestro sistema de educación que dice: "Consigue un buen libro y lee". Lees libros para emocionarte o tener algún tipo de entretenimiento... Pero eso tal vez no conduzca a la realización. Ciertamente produce una forma de repetición inteligente que la sociedad ha rotulado como "ser culto". "Leí **Alicia en el País de las Maravillas** y el Sombrerero Loco decía siempre: "Me voy, me voy, se me ha hecho tarde hoy…", y se te reconoce como culto. Ser capaz de repetir cosas que salieron de un libro no es educación o cultura. La verdadera educación es la realización. La habilidad de repetir lo que has leído es memoria. Es una habilidad mecánica. Si lo practicas bastante, serás realmente bueno en eso. Todos quedarán sorprendidos con lo "inteligente" que eres. Puede no ser inteligencia, puede ser memorización, y eso no es realización.

Este proceso de crear una copia no se aplica a leer información en el periódico o material técnico. Pero si estás leyendo revistas de testimonios verdaderos o historias de amor todo el tiempo, o si te pierdes en el último libro que leíste, ésa es la copia. Si te has identificado en exceso con figuras como Gandalf o Bibo Baggins, podrías estar **perdiéndote**. Muy pronto, dondequiera que vayas, verás las montañas del Bosque Negro y te perderás en comparaciones y analogías. Ésa es la copia. Dices: "Bueno, ¿pero habrá existido realmente eso alguna vez en algún lugar?". ¡Cuidado! Podrías comenzar a perderte. Vas a tratar de replicar una copia de una copia, de una copia, y a llamarla realidad. Eso no producirá la realización que producirá la incitación que producirá el cambio…, así que no lo busques para replicarlo.

Este mismo proceso de crear una copia puede suceder con las películas. Y más que nada, puede suceder con la televisión, en comedias, telenovelas o series dramáticas, donde tú sigues a un personaje o a una serie de personajes por semanas o meses a través de distintos episodios de sus vidas. El peligro de identificarse tan profundamente con uno o más de los personajes es que comienzas a hacer de su experiencia tu experiencia, comienzas a buscar similitudes con tu vida. En la serie de televisión tal vez el esposo de "Susana" comience a llegar tarde, dándole a ella la excusa de que está trabajando hasta tarde en la oficina, pero en realidad está teniendo una relación con otra mujer. Tu esposo llama una noche para decir que tiene que trabajar hasta tarde en la oficina. Inmediatamente haces la conexión con la copia, proyectas la "similitud", asocias la ilusión y súbitamente caes en temores, dudas y preocupaciones sobre tu esposo, pensando que está saliendo con otra mujer.

Esa telenovela o película **no** es la experiencia de tu vida. La situación de esa serie **no** es la forma de actuar de tu esposo en la realidad. No hay similitudes. Pero si estás atrapado en la telenovela, puedes comenzar a buscar esas cosas en tu propia vida, y cualquiera puede torcer las cosas para que encajen. Estás perdiendo.

Ten una actitud realista en las lecturas, las películas, la televisión, o cualquier otro medio de entretenimiento. Ten presente que son sólo diversión y que no son tu experiencia. No hay nada de malo en los medios de entretenimiento si los mantienes en la perspectiva adecuada. Pero cuando comienzas a usarlos como sustitutos de **tu** experiencia, puedes meterte en problemas y bloquear tu crecimiento.

Identificando la Simbología del Inconsciente

En cualquier acción, casi siempre existe la posibilidad de usarla de manera positiva o negativa. En el entretenimiento, el aspecto negativo sería crear la experiencia que es una copia. No obstante, todos los medios de entretenimiento pueden ser usados para elevarse y progresar, si tu uso de los mismos y tu actitud hacia ellos son los correctos. Empleado apropiadamente, el entretenimiento puede inclusive ser un medio para liberar y despejar situaciones kármicas. Una película como "El Diario de Ana Frank" podría tener una enorme trascendencia para mucha gente. Si te identificas con Ana, por ejemplo, y usas la experiencia retratada en la película como tu propia experiencia **en esa época**, es posible despejar karma que pudiera estar relacionado con esa época y ese lugar en la historia. **¡Pero debes dejar ir la experiencia cuando salgas del cine!** Tal vez la película te dé un gran sentido de humanidad, de cómo la experiencia humana es una, quizás sientas una empatía y compasión por los judíos que nunca antes habías sentido. A partir de la experiencia de la película, la **realización** puede derivar en incitación que lleve al cambio. La experiencia de la película ha enriquececido tu propia experiencia y tu sentido de ser y el resultado puede ser más positivo. Pero después no saldrías a buscar señales de que estás siendo perseguido o señales de violencia y aversión en tus congéneres. Si lo haces, habrás usado la película como una experiencia negativa que te atrapó en su ilusión.

A menudo, a una edad muy temprana encuentras a alguien que admiras por alguna razón. Puede que ese alguien sea muy macho o muy femenino y encuentres eso atractivo.

Tal vez cocine delicioso o conduzca bien, tal vez sea bien parecido o bello. Por alguna razón, te gusta su expresión y comienzas a emular facetas de su personalidad. Tal vez su risa sea única: "ja, ja, ja-ji", y pronto tú también empiezas a reír: "ja, ja, ja-ji". Comienzas a dejar de lado tu propia expresión y a asumir la de esa persona. Tal vez te guste el modo de caminar de alguien, así que se lo copias, y te encanta la manera como alguien se viste, así que compras ropa de ese estilo. Luego, cuando alguien te pregunta: "¿Quién eres tú?", contestas: "¡Dios mío, no lo sé! Creo que soy un poco de Jorge, un poco de Juan, un poco de Susana... Te aseguro que me gustaría saber quién soy. Me gustaría saber quién soy yo detrás de todas esas imágenes". Tu expresión se ha vuelto una fachada, la casa de nadie.

Tienes que ser cuidadoso también cuando comiences con la expresión interna llamada meditación, contemplación o ejercicios espirituales. Piensas: "Me gustaría meditar, pero no creo que sea bueno para mí". ¡Estás perdido! Piensas: "Si hubiera un lugar tranquilo donde pudiera...", perdido de nuevo. La mente adopta una pose, aceptando una colección de criterios que no es la suya. Acepta una copia y luego trata de mantenerla esperando que en algún momento produzca algo bueno. No lo hará. Ese concepto abstracto que idealizas va a llevarte a la confusión, al caos y a la desesperación hasta que lo dejes ir y vuelvas a tu experiencia como tu único punto de referencia "válido".

¿Eres capaz de persistir más allá de las copias de tu mente? Si ves una Luz y te preguntas si ésa será la Luz sobre la que tu gurú escribió en su libro, ¿eres capaz de dejar ir esa comparación comprendiendo que tu experiencia es únicamente tuya y que tal vez no encaje con las de otros? Si eres capaz de hacerlo, estás cambiando dentro de ti y ése es un crecimiento positivo.

Otra manera en que la gente permite que los patrones inconscientes afecten y definan el comportamiento físico es cayendo en supersticiones o creencias de que su vida es dictada por símbolos y señales. La gente suele tratar con diversos tipos de simbología en sus vidas. Establece diferentes patrones de comportamiento supersticioso. Por ejemplo, si ves una estrella fugaz, se supone que debes pedir un deseo; si pasas por debajo de una escalera, tendrás mala suerte; si pisas la grieta de la vereda, te va ir mal; si llegas al final de la calle antes de que el auto llegue al semáforo, tendrás una cita esa noche. Estos son patrones supersticiosos, simbologías de la mente inconsciente que la gente mantiene en sus conciencias producto de conflictos no resueltos.

Una expresión interesante de la simbología inconsciente sucede en el juego de béisbol. ¿Has notado cómo ciertos jugadores, cuando van a la base de batear y se están alistando para batear, golpean la base y miran el bate un cierto número de veces antes de estar listos? O tal vez se paren en el sitio de bateo, salgan y regresen de nuevo. Nada de eso tiene mucho que ver con golpear la pelota. Golpear la pelota es balancear el bate cuando viene la pelota y asegurarse de que ambos se encuentren en un punto. Cuántas veces golpeen la base o entren y salgan del sitio de bateo no determina si la pelota va a ser golpeada o no. Esos patrones representan un dilema que los jugadores están trabajando fuera del inconsciente.

Babe Ruth, alguna vez un lanzador, acostumbraba a sacar la lengua cada vez que iba a tirar la pelota directo al medio. No pasó mucho tiempo antes de que el equipo rival descubriera ese gesto y sus bateadores lanzaran esa pelota fuera del campo de juego casi todas las veces. Finalmente, alguien puso un espejo frente a Babe Ruth y le dijo: "Ahora lanza la pelota". Mientras tiraba la pelota, se observó a sí mismo sacando la lengua y dijo: "No sabía que yo hacía eso". Patrones inconscientes. De ahí en adelante mantuvo la lengua en la boca. Una vez que notas la superstición inconsciente puedes comenzar a cambiar el patrón.

Identificando la Simbología del Inconsciente

Cuando hablas sobre el inconsciente llevándolo así al nivel verbal consciente, puedes comenzar a interpretarlo de manera errada. La única forma en que puedes comunicarte verdaderamente con el inconsciente es inconscientemente, lo cual suena como una redundancia, pero no es así. ¿Cómo **saber** si estás trabajando las capas no resueltas dentro del inconsciente? Existen distintos puntos de referencia que puedes usar. Un punto de referencia puede ser un iniciado en el nivel inconsciente (o etérico) que esté atravesando ese reino, ya que dicha persona tendrá una buena comprensión de lo que significa caminar en el inconsciente y, por lo mismo, puede darte puntos de referencia de lo que es. Otra manera es volverte tú mismo un iniciado en ese nivel y trabajar dentro de aquello que crea la simbología. Otra manera sería usando simbología en forma de superstición: la astrología, la numerología, la quiromancia, leer las hojas de té, ver la bola de cristal, leer el espejo, el I Ching, etc. En todos esos procesos tratas con símbolos y formas dejando que se reflejen en ti. Tratas con una forma de conocimiento (no de intuición) en donde estás convencido de la validez de algo sin tener un punto de referencia independiente. Alguna gente lo llama pensamiento "irreflexivo e irresponsable", porque te mueves hacia algo simplemente porque "se siente bien". No es filosofía de sillón, donde te sientas y piensas mediante variadas ideas hasta llegar a una conclusión lógica.

El nivel etérico de la conciencia, que tiene que ver con el inconsciente de un individuo, es un área que ejerce mucha influencia sobre nuestros pensamientos y nuestras acciones, y como es inconsciente, es muy difícil reconocer de dónde viene la influencia y cómo funciona. Cuando trabajas en el área de lo oculto, comienzan a llegar muchos símbolos inconscientes a tu conciencia despierta. Aparecen como patrones que hacen realmente difícil decir lo que está pasando. Al conectarte con esas cosas, tu comportamiento puede volverse errático: puedes parecer neurótico, experimentar delirios de grandeza y encontrarte siendo indulgente en patrones de comportamiento muy inusuales para ti.

Cuando estas cosas inconscientes afloran, hay pocos puntos de referencia para ellas y menos lugares dónde situarlas. Sólo surgen al voleo, por lo que es muy importante no meterse en los niveles ocultos ni obsesionarse con ellos, a menos que puedas controlar esas energías cuando surjan. Si no eres capaz de hacerlo es posible que tengas que consultar con distintos psicólogos del comportamiento, trabajadores sociales o instituciones de terapia médica o psiquiátrica para tratar de controlar esas energías. El nivel oculto, si es que te vas a involucrar en él, debería ser con los niveles intuitivo, espiritual y científico todos juntos. Pero parece que no funciona así. Al parecer tenemos la forma científica, la forma oculta y la forma espiritual todas apartes unas de otras.

El inconsciente es sólo otro nivel de conciencia, pero es un nivel que tal vez no adviertas conscientemente. Inclusive el hecho de intentar rotularlo, de llamarlo "inconsciente", puede convertirse en un error de aproximación a esta instancia porque conocerás lo inconsciente sólo a través de tu inconsciente. La clave es mantener ese nivel de modo que puedas poner conciencia allí sin interferir con él. No pones ni tu mente, ni tus emociones, ni tu cuerpo, ni tu imaginación allí. Y éstos son algunos de los primeros pasos en la neutralidad: simplemente flotas en ese lugar y permites que cualquier cosa llegue a ti y esté presente.

Realizar el viaje hacia el inconsciente puede ser muy fácil a través de la meditación y también puede hacerse mediante la contemplación. La contemplación sucede cuando coges un objeto y lo contemplas, lo miras y dejas que te revele lo que hay allí. El objeto interviene muy poco, excepto mantener enfocada la mente, la imaginación, las emociones, la visión, etc. Todo pareciera que se desenfocara: cuando no hay un enfoque, estos niveles subyacentes comienzan a emerger y

Identificando la Simbología del Inconsciente

al ascender, liberan muchas cosas. Si hay almacenamiento de enfermedades, puedes comenzar a atravesar diferentes recuerdos como: "¡Oh, sí! Recuerdo que hace años me dolió el hombro y me duele ahora de nuevo, pero **no tanto**". Estos son los patrones de liberación que van surgiendo. Cuando fluyes con estas liberaciones y las despejas de una manera natural, experimentas muy pocas dificultades porque los patrones surgen en la medida en que eres capaz de manejarlos y entenderlos.

Cuando consultas a psíquicos o adivinos, ellos pueden revelarte muchas cosas de las cuales no estabas consciente, pero eso no quiere decir que provengan del nivel inconsciente, pueden estar saliendo del nivel mental o del nivel emocional. Y estos psíquicos pueden de verdad hacerte sentir bien con una interpretación emocional de tu simbología inconsciente. Pueden desbloquear dicho nivel para ti y tú marcharte sintiéndote muy bien pero, más tarde, la simbología que tu inconsciencia te está reflejando puede comenzar a soltar otros símbolos y otras energías. Entonces regresas donde el psíquico y le dices: "He tenido dificultades", y él te dice: "¡Qué raro! No deberías estar teniendo dificultades. Cuando te hice la lectura me sentí muy bien con eso". Pero a veces las sensaciones traicionan. Y el nivel mental podría decir: "Pero si te dije todo correctamente". Y por eso los psíquicos racionalizan en los niveles que conocen, sin darse cuenta de que están liberando energías desde un nivel más sutil, del cual ellos ni siquiera están conscientes.

Muchas personas que han ido a ver a diferentes psíquicos llegan después a una consulta conmigo y todo lo que hago durante una hora o más es encerrar las energías que han sido soltadas, porque las personas están demostrando que no son capaces de manejarlas. Con demasiada frecuencia contengo la energía, le pongo una tapa y consigo que la persona se sienta bien e integrada dentro de sí misma de nuevo, pero, ¿qué hace ella? Vuelve donde el psíquico y le permite abrir los niveles inconscientes otra vez. Con ello la persona corre el peligro de terminar en una institución mental. Estamos ante alguien que "hace el bien" y que, sin embargo, no hace ningún bien, pero a quien le gusta creer que lo hace.

La gente puede "pensar" o "sentir" que son buenos para leer la simbología de **otras** personas, pero a menudo leen a partir de sus **propios** niveles de superstición inconsciente. Los ladrones ven ladrones. Los alcohólicos ven alcohólicos. Dios ve a Dios. El inconsciente ve el inconsciente.

Es importante no establecer una jerarquía de conciencia como punto de referencia, sino desplegar siempre las cosas horizontalmente. De esa forma no tendrás que decidir si algo es bueno o malo, o si está arriba o abajo: las cosas están aquí y aquí y aquí. Y simplemente encaras cada cosa objetivamente: "Está aquí". Y si te dices a ti mismo: "¡Dios mío! Tengo algo dentro de mí que se me aparece constantemente; lo oigo. Y ahora me surgió este símbolo en la mente. Siempre está ahí. ¿Qué será?", la respuesta es: "No importa. No hay manera de saberlo". Y si preguntas: "¿Qué puedo hacer al respecto?", la respuesta es: "Nada". Y si preguntas: "¿Cómo puedo deshacerme de eso?", la respuesta es: "Mantente ocupado y haz algo físico". Eso resolverá el dilema.

Toma tu dilema inconsciente, esa prédica supersticiosa que te haces y sal a la calle a correr. El ejercicio físico, créelo o no, puede hacer maravillas para aliviar y resolver muchos problemas de naturaleza emocional, mental e inconsciente. La gente dice: "Sé que necesito mucho ejercicio, pero no me sirve correr; ésa no es la clase de ejercicios que necesito." ¡Tengo noticias para ti! Si corres bastante y lo suficientemente fuerte, no necesitarás ningún otro ejercicio. Es todo lo que necesitas. Caminar rápido puede servir también, en tanto no pares y te sigas moviendo.

Una de las claves más grandes para el progreso espiritual en lo físico es sencillamente moverse continuamente, no detenerse. Cuando pienses que ya es suficiente, mira a tu alrededor y fíjate una nueva meta y sigue moviéndote. Cuando creas que ya "llegaste", levanta la vista y visualiza tu próximo paso. Donde sea que te encuentres, siempre habrá un paso más. El progreso es infinito. Y al final de cada frase, aun cuando no esté escrito, siempre hay un "etcétera".

Una manera en que el nivel inconsciente influye sobre nosotros es en la formación de actitudes. A menudo la gente pregunta: "¿Qué es una actitud? ¿Cómo me formo una actitud? ¿Cómo cambio una actitud?". Veamos algunas de las dinámicas de ese proceso.

Cuando los niños nacen, el inconsciente es uno de los primeros niveles que ellos expresan. Luego, toman conciencia del tacto y a continuación del gusto. Es muy difícil decir cuál viene primero. Empiezan a involucrase en áreas de la sensación, la excitación y la estimulación. Por un tiempo, la **conciencia** es bastante improductiva. Es un depósito al que no se recurrirá por mucho tiempo. El niño tiene que aprender primero a ejercitar su musculatura y a actuar en el mundo físico, y ése será su trabajo principal por unos buenos años. Cuando los niños crecen, su actitud comienza a transformarse en un proceso de mirar y pensar: miran algo y piensan al respecto. A medida que van mirando y pensando en algo, ello se vuelve familiar, y al familiarizarse con eso, se identifican con lo que piensan. Y al identificarse con lo que piensan, dicen: "Esto es mío". Si se les pregunta por qué algo es de ellos, la única "razón" puede ser: "Porque lo he visto mucho; es mío". En la mente se instala un pensamiento de posesividad y de propiedad. La actitud se ve reforzada por el valoración de "mío" representando algo "bueno", y luego la actitud de valor se manifiesta en un: "Esto es mío, es bueno; si esto es mío, es bueno...". De este modo se forma un ciclo de posesividad.

Por eso tienes que revaluar con frecuencia las actitudes que mantienes. A veces revalúas tus actitudes enfocándote en otra área por un tiempo, cerrando los ojos y sencillamente dejando de mirar. ¿De qué te sirve eso? Que no verás un montón de cosas que no quieres ver. Ésa es una de las bendiciones de ser ciego: no corrompes la visión interna con el estigma externo de la vida. No tienes que lidiar con la misma simbología con que las otras personas se tienen que abrir paso. La gente ciega maneja su propia simbología. Ellos simulan cosas que les permiten acceder al nivel etérico (o inconsciente) de su conciencia tan rápidamente como la gente que tiene visión.

Una de las cosas agradables de ser sordo es no tener que escuchar toda la murmuración desleal y el chismorreo que tiene lugar en este mundo, teniendo una libertad mayor en esos niveles que la gente que puede oír. Los sordos no se molestan por escuchar cosas que no quieren escuchar. De forma similar, tú puedes apartar conscientemente tu enfoque de algo que represente para ti un "problema" o un "dilema", y con este cambio de actitud neutralizar la influencia del inconsciente.

Al entrar en el nivel inconsciente o etérico de tu conciencia, puede que no le encuentres mucho sentido porque ahí no hay nada excepto símbolos. Debes ser muy cuidadoso cuando mires a través de la conciencia **astral** (la imaginación) y veas cosas como platillos voladores, brujas volando en escobas, o cosas por el estilo. No comiences a creer que están realmente allí..., que todo eso está sucediendo en realidad..., porque suele no ser así. **Es** imaginería protectora con la que estás lidiando. ¡Las cosas que percibas **parecerán** tan reales! No lo son. Son ilusorias. ¿Significa esto que esas cosas no puedan existir? Si estás hablando de pruebas estilo "peras y manzanas", no hay mucha evidencia de que existan; pero la gente que vive en una conciencia de brujas y demonios está **viviendo** esa "realidad". A veces, la sociedad considera a esa gente como un "submundo marginal" o "loquitos". Tú decides qué áreas frecuentas. Ver la simbología, las imágenes, las ilusiones, puede ser realmente lindo, como cuando miras una pintura en la pared; la miras y luego sigues tu camino, porque no hay mucha realidad práctica en eso. Es una representación simbólica.

La pintura se ha convertido en parte de la gran simbología de nuestro tiempo. En aquellos días en que el arte abstracto y moderno era popular, la gente determinaba si una pintura era buena o mala basándose en la simbología que afloraba desde la mente subconsciente o el nivel inconsciente, y compraba arte basada en eso. Posteriormente llegó a haber tanto arte abstracto, que la gente era asediada por él todo el tiempo. Así, la pintura abstracta retrocedió en popularidad y de nuevo estamos encontrando imágenes que son más concretas y reales. Mucha de la antigua pintura clásica se ha vuelto popular de nuevo: escenas de la naturaleza, de la ciudad o del litoral, donde la gente luce como gente. La escultura aún sigue expresando un punto de vista abstracto, y mucha gente que se deleita con este tipo de simbología acude a exposiciones de escultura para ser estimulados con este nivel. A veces es como si hubiera un tigre feroz agazapado ahí y la gente pudiera experimentar un extraño éxtasis a través de la simbología abstracta, pero si éste no es capaz de sostenerse a sí mismo, puede liberar frecuencias vibratorias extremadamente extrañas en una persona. Y con esto podría haber un cambio de actitud y entonces la conciencia cambiaría. La gente puede estar retratando su dilema de manifestación inconsciente aquí afuera, en el mundo físico, como una forma de arte o tal vez sólo como un cierto tipo de expresión conductual.

Este mismo proceso puede manifestarse en la danza. Cierta vez pude observar un ejemplo muy interesante de esto al entrar en un almacén de discos donde se escuchaba música. Era lo que yo llamaría "rock pesado". Entonces, una niña como de tres años comenzó a bailar. Realmente se movía y lucía igual a un pingüino. Dije: "Ésa debe ser la danza del pingüino", dado que era tan obvio. La niña estaba realmente compenetrada con la música, y esa simbología se quedó conmigo.

Otra vez, mirando un show de rock en la televisión pude reconocer la simbología que se daba cuando los jóvenes bailaban. Era absolutamente impresionante: se trataba de una acción catártica pero, al mismo tiempo, las personas sacaban estas energías del inconsciente sin saber cómo controlarlas o contenerlas. En algún momento en el futuro puede que ellos asuman algún tipo de comportamiento extraño y antisocial. Naturalmente no serán todos ellos, pero como están lidiando con energías muy poderosas sin conocerlas lo suficiente, ciertamente se exponen a esa posibilidad. Es posible que muchos de ellos sean internados en un manicomio, no porque haya algo habitualmente malo en ellos, sino por esas frecuencias descontroladas que circulan por su interior. Ellos se conectan con esa energía, la energía asume el control y no hay modo en este mundo de manejarla, por lo que comienzan a manifestar conductas extrañas. Pueden hablar sin sentido, reír tontamente y expresarse de formas ininteligibles para la mayoría de la gente. Para ellos es **real**, pero para otros es estar "locos". Realmente se han desestabilizado, están fuera de equilibrio en relación con su propia forma, que es paz, armonía y Luz.

La conciencia humana evoluciona a su propio ritmo y tiene una velocidad natural al hacerlo. En el momento oportuno experimenta realizaciones más y más profundas respecto a su verdadera naturaleza. Está diseñada para evolucionar hacia la realización de sí misma y el conocimiento de Dios. Los intentos artificiales por acelerar el proceso, a menudo llevan a demoras y digresiones. Si tu sendero es la conciencia de sí y el conocimiento de Dios, es mejor seleccionar los métodos naturales de meditación, contemplación y ejercicios espirituales, estudiar con maestros iluminados y asociarse con otros que estén también en el sendero del crecimiento espiritual. Tu progreso será más suave y más rápido que con los así llamados "atajos".

Llegar Cada Vez Más Alto

El Alma intenta ganar en experiencia de cualquier forma que pueda. Trata de usar todos los medios para observar, identificar y experimentar, pero puede perderse en esa experimentación. Si has estado atrapado en una copia sacada de lecturas, películas, culto al héroe, o algún otro patrón del inconsciente, puede tomarte algún tiempo liberarte de esos patrones y sentir la libertad que emana de tu ser. Mantente firme durante el proceso y deja que la energía de la mente sencillamente se disperse. No la refuerces. No trates de que tu experiencia interna encaje con lo que leíste en un libro. Si un autor está siendo "verdadero", te dirá que sus palabras quedan cortas para describir su experiencia. Sin embargo, tú tomas sus palabras como si fueran definitivas y te limitas a ellas. Eso te restringe de sobremanera siendo el hijo divino de Dios que eres. Tu experiencia es mucho más grande que nada que pudieras leer en un libro. Sólo por el hecho de estar escrita, no significa que debas pensar que ella sea particularmente especial para ti. Ciertamente fue especial para el **autor**. Solamente **tu** propia experiencia será especial para ti. Y en última instancia, es tu experiencia la que será **tu** maestra.

Se requiere de gran valor para ver el rostro de Dios dentro de ti. Para ver el rostro de Dios debes entrar muy profundo dentro de ti, atravesando todas las cosas que ocultan la realidad de ti, todo lo que se ha congelado dentro de ti, todos los obstáculos que has colocado en el sendero de tu propia libertad. Y debes confrontarlos y despejarlos todos.

La única cosa que te liberará, que te desprenderá de toda ilusión, es aquello de lo que huyes. Sí, puede ser "terrible". Y sí, puedes sentirte miserable. Pero GRACIAS A DIOS, porque ahora puedes ver más claramente. No salgas corriendo, ni pintes el proceso como malo o malvado. Si lo haces, puedes estar pintándote a ti fuera del cuadro. A la larga, vas a tener que regresar a cualquier área que te esté atemorizando y vas a tener que contemplarla. No cuesta nada mirar. La mente podrá decir: "¿Qué pensará la gente?", pero tú lo sabes, porque has estado con bastante frecuencia de ese lado, pensando respecto a otros. Y tus pensamientos no los "hirieron"; ellos simplemente siguieron adelante. Y así, tú también seguirás adelante sin importar lo que la gente piense.

Si quieres emprender el "mejor de los viajes", ve a la esencia que es el Espíritu en su forma pura. Cuando llegas a ese punto, puedes "apretar muchos botones" y disolver muchos "problemas" rápidamente. Ese proceso de volverse internamente hacia el Espíritu para liberar bloqueos, te llevará hasta el reino mental solamente, y tal vez incluso hasta el reino etérico en tu desarrollo. Puede que algunos inclusive tengan suerte y lleguen hasta el Reino del Alma, su propio reino interno del Alma. Mas, para acceder desde allí al Alma Suprema, se requiere de un proceso diferente, que llamamos la conciencia del Viajero Místico. A través de esa conciencia puedes entrar en contacto con el Espíritu Santo y, a través de la gracia de Dios que se te concede, acceder a ese reino, que es tu hogar. Cuando llegas "a casa", puedes trabajar de vuelta en este reino, disolviendo otras cosas que sean necesarias. Puedes vivir en los reinos celestiales, mientras tu cuerpo físico transita por este plano, despejando y disolviendo todas las deudas kármicas.

El reino celestial del Alma es perfecto; cualquier cosa menos que eso es imperfecto y no es el reino celestial. Hay errores en todos los reinos inferiores. En algunas de las dimensiones, en algún estadio del movimiento siempre habrá errores. Puede parecer perfecto por un rato pero, tarde o temprano, los errores se harán evidentes. Ciertamente que hay errores aquí en el reino físico. Todo lo que tienes que hacer es mirar cómo los cuerpos físicos se desmoronan, observar como la gente equivoca las emociones, o escuchar como la información sale desordenadamente. Transmitir información es tan difícil porque podríamos decir que casi siempre tan pronto como empiezas a hablar sobre algo, lo que dices se tiñe de ilusiones, mentiras e interpretaciones erradas.

Recurre siempre a tu propia experiencia, a aquello que funciona para ti. Si tratas de conseguir lo que funciona para otros, te quedas atrapado en las redes del sortilegio, que te enceguece con la Luz magnética para que no veas las cualidades espirituales. Entonces, realmente te podrás quedar "colgado" por un largo tiempo. ¿Has visto alguna vez a gente que diga: "Tengo una gran misión en este planeta, debo realizar una gran obra. Todavía no sé lo que es, pero debe de ser algo grande"? Ellos no harán nada más que correr de un lugar a otro, volver a repetir lo mismo y decir: "¡Dios mío! Aquí estoy de nuevo, en el mismo lugar en que comencé". En algún momento, probablemente digan: "¿Quién necesita eso?", y lo sueltan, a veces con rabia, a veces con dolor, pero **lo que sea** que los lleve a soltar, es motivo de gran regocijo. Al soltar, pueden tomar conciencia del lugar dónde viven como una cualidad espiritual, como una forma pura. Entonces, el mundo se les presenta y ellos llevan a cabo su destino a partir de un estado espiritual, y tal vez descubran que **son** grandes líderes espirituales, no porque anden afuera buscando devotos, sino porque la gente seguirá al Espíritu donde sea que lo encuentre.

Cuando encuentres al Espíritu, también me encontrarás a mí, porque allí es donde vivo. Al seguir a un líder espiritual que reside en el Espíritu, sigues a todos los líderes espirituales que viven en el Espíritu. NO existe conflicto entre los maestros espirituales. Puede haber conflicto entre sus seguidores. O puede haber conflicto entre las personas que piensan que son maestros espirituales, pero que de hecho **no lo son**. Esos maestros espirituales falsos se delatan con el transcurso del tiempo. No son difíciles de encontrar. Recuerda, cualquiera que resida todo el tiempo en la cualidad espiritual pura, estará muerto para el mundo físico. Aun los más evolucionados maestros espirituales deben regresar a este mundo en distintos momentos de conciencia para trabajar en este nivel.

La imperfección se encuentra en tu actitud, que proviene de la mente programada; eso es lo que lleva a la confusión. A veces, con sólo dejar de pensar por un rato, las cosas pueden volverse muy agradables para ti. Cuando no estás rotulando cada situación como "buena" o "mala" puedes hacer muchas cosas, porque existen pocos problemas. Cuando simplemente dices: "Así es", es fácil. Entonces, dejas de hacer el papel de tonto y tampoco cierras los ojos a la realidad de tu situación. Pero saber que algo existe y ponerle energía, son dos enfoques diferentes. Puedo nombrar rápidamente un montón de cosas a las que seguramente no les pones energía: casas, aparatos de televisión, radios, caballos, máquinas de escribir. Sabes que existen, pero probablemente no reacciones de ninguna manera en particular a ellas. Si yo te hablo de un delicioso, grueso y jugoso trozo de carne asado a la perfección, bañado con champiñones y cebollas, o a los vegetarianos, de una fresca y caliente sopa de lentejas, tal vez notes que comienzas a tener una leve reacción interna. Pero a algunos de ustedes, eso tampoco les puede producir nada. Cuando estás consciente de algo y no te quedas atrapado en eso, estás viviendo en una conciencia de desapego que puede ser muy, pero muy agradable.

A medida que aprendas a **hacer** y, además, dejes de enjuiciar ese hacer, encontrarás el sendero dorado hacia tu propia salvación. Es lindo saber que en gran medida puedes hacerlo tú mismo. Y si ahora no sabes cómo hacerlo, evolucionarás a un estado en que sabrás cómo hacerlo. Es lindo saber que hay un número infinito de oportunidades. Y es lindo saber que puedes crear tú mismo aquellas cosas que quieres.

Algunos de nosotros hemos estado en este reino en conciencia muchas, muchas veces. Somos los ancianos y hemos cometido un montón de errores a través de muchas vidas. Esos errores nos han dado una mayor conciencia y algo de sabiduría. Y aún así, la paradoja es que el Alma no evoluciona necesariamente; sólo añade a sí misma la esencia pura de lo que le llega. Así que, mientras más pureza puedas percibir, más podrás añadir a la gloria de la Luz que manifiestas.

A medida que te sintonices con la Luz y empieces a manifestar regularmente más Luz en tu conciencia, te encontrarás de una manera más específica con la fuerza negativa que habita dentro de la gente. En mucha gente predomina la fuerza negativa. Por lo tanto, cuando la conciencia de Luz llega a ella, se vuelve confrontacional. Si la fuerza negativa en otros es más fuerte que tu Luz espiritual, necesitas refuerzos.

Si necesitas apoyo, estoy a tu disposición para apoyarte cuando lo **pidas** en la conciencia interna. La cualidad espiritual que es el Viajero Místico puede hacerse presente y, en ese punto, la fuerza negativa se convierte en autodestructiva porque se vuelve contra sí misma. La Conciencia Mística le refleja a la negatividad exactamente lo que ella es, así que se combate a sí misma en la imagen reflejada, que es falsa hasta que se aburre de todo eso y se rinde. Entonces, la cualidad espiritual se puede hacer presente, expresándose y manifestándose.

Cuando tengas un conflicto con otro ser humano, a menudo, será mejor mantenerte estable en tu conciencia y no reaccionar, hasta que la cualidad espiritual se haga presente en la situación y actúe de espejo para que la negatividad se vea a sí misma. Cuando la gente se cansa de expresar su negatividad, sucede que, o bien abandona la situación, lo cual está bien, o abandona la negatividad, lo cual también está bien.

En ambos casos, saben que la fuerza de la Luz es amor y fortaleza. Y se te pondrá a prueba para ver si puedes hacerle frente a "las flechas del infortunio" que serán dirigidas contra ti, y si tienes una cualidad espiritual (y la tienes), descubrirás que puedes dirigir las flechas hacia la Luz, las que entonces usará como "flechas de Cupido", enviándolas directamente hacia la fuerza negativa, y tú permanecerás en una actitud neutral y desapegada. No tienes que presionar. No tienes que forzar. Sólo deja que brille tu propia Luz. Y aquellos que la puedan ver, sabrán que es verdad.

Baruch Bashan
(Las Bendiciones ya Existen)

Acerca del Autor

John-Roger, maestro y conferencista de talla internacional, ha sido una inspiración en la vida de muchas personas alrededor del mundo. Durante más de cinco décadas, su sabiduría, humor, sentido común y amor han ayudado a personas a descubrir el Espíritu dentro de ellas y a encontrar salud, paz y prosperidad en sus vidas.

Con dos libros escritos en colaboración a su haber, los que alcanzaron el primer lugar en la lista de libros más vendidos del *New York Times*, y con más de cuatro decenas de libros de auto-superación y materiales en audio, John-Roger nos legó un conocimiento extraordinario en una amplia gama de temas.

También fundó la iglesia sin denominación de culto, el Movimiento del Sendero Interno del Alma (MSIA), que se enfoca en la Trascendencia del Alma, así como diversas otras organizaciones que llevaron sus contribuciones al campo de la educación, la paz y el servicio. Ellas son: *University of Santa Monica* (Universidad de Santa Mónica), *Peace Theological Seminary & College of Philosophy* (Seminario Teológico y Escuela de Filosofía Paz, PTS), *Insight Seminars* (Seminarios Insight), *The Institute for Individual and World Peace* (Instituto por la Paz Individual y Mundial, IIWP) y *The Heartfelt Foundation* (Fundación Heartfelt).

John-Roger dio más de seis mil conferencias y seminarios en todo el mundo, muchos de los cuales pueden ser vistos en su programa de televisión por cable e Internet, "*That Which Is*", a través de *Network of Wisdom*. Apareció en numerosos programas de radio y televisión, y fue invitado estelar en el programa de "*Larry King Live*". También colaboró escribiendo y co-produciendo las películas, "Guerreros Espirituales", "El Guía Espiritual" y "El Viajero Místico".

John-Roger fue un educador de profesión y un ministro, y continúa transformando vidas, educando a las personas en la sabiduría del corazón espiritual a través de sus enseñanzas.

Para más información sobre John-Roger, visita el sitio web: www.john-roger.org.

Recursos y Materiales de Estudio Adicionales

por John-Roger, DCE

LIBROS

El Guerrero Espiritual: El Arte De Vivir Con Espiritualidad
Este libro es esencial para cualquiera que quiera integrar su vida espiritual con su vida material, y hacer que ambas funcionen. Guía práctica para encontrar un mayor sentido en la vida cotidiana, este enfoque revolucionario nos coloca en el camino superior hacia la salud, riqueza y felicidad, hacia la prosperidad, abundancia y tesoros; hacia amar, cuidar y compartir, y llegar a los demás.

Momentum: Dejar que el Amor Guíe
Prácticas Simples para la Vida Espiritual
(con Paul Kaye, DCE)
La simpleza del enfoque de este libro comunica un profundo mensaje: que puedes vivir una vida satisfactoria no tratando arduamente de lograrlo, trabajando más o durmiendo menos, sino dejando que el amor te guíe.

Perdonar: La Llave del Reino
Colección de pensamientos que nos enseñan que usar el perdón en muchas situaciones cotidianas, puede acercarnos a la toma de conciencia de nuestra divinidad.

AUDIO

El Guía Espiritual

En este paquete compuesto por cuatro seminarios en CD, puedes escuchar de labios de John-Roger las historias sobre su viaje espiritual, los cuales inspiraron la publicación del libro bajo el mismo nombre. Los seminarios que se incluyen son: En Busca de un Maestro; El Maestro y el Charco de Lodo; Mi Reino por un Caballo, y El Ser Verdadero. Las historias son graciosas y conmovedoras y apuntan al mensaje profundo del trabajo espiritual que John-Roger vino a hacer. Escuchar las historias personales de J-R sobre su búsqueda es inspirador, ya sea que hayas incursionado en un sendero espiritual por un tiempo o que las experiencias espirituales sean algo nuevo para ti.

Nuestra Canción de Amor y el Cántico del Anai-Jiu

Este CD te ayudará a familiarizarte con un mantra del nombre de Dios, precedido de una plegaria de John-Roger, llamada *Nuestra Canción de Amor*. Contiene además el cántico del *Ani-Hu* (pronunciado "anai-jiu" en español), entonado por estudiantes del MSIA.

DISERTACIONES DEL CONOCIMIENTO DEL ALMA
UN CURSO SOBRE LA TRASCENDENCIA DEL ALMA

Las Disertaciones del Conocimiento del Alma tienen como propósito enseñar la Trascendencia del Alma, que es tomar conciencia de que somos un Alma y uno con Dios, pero no en teoría, sino como una realidad viviente. Ellas están dirigidas a personas que buscan un enfoque sistemático en su desarrollo espiritual y que el mismo se prolongue en el tiempo.

Las Disertaciones del Conocimiento del Alma son un conjunto de doce cuadernillos que se estudian y contemplan de a uno por mes. A medida que vas leyendo cada una de las Disertaciones, la conciencia de tu esencia divina puede activarse y tu relación con Dios profundizarse.

Espirituales en esencia, las Disertaciones son compatibles con cualquier creencia religiosa. De hecho, la mayoría de sus lectores considera que las Disertaciones apoyan su experiencia en el sendero, filosofía o religión que hayan elegido seguir. En palabras simples, las Disertaciones tratan sobre verdades eternas y hablan de la sabiduría del corazón.

El primer año de Disertaciones aborda temas que van desde la creación del éxito en el mundo hasta el trabajo de la mano del Espíritu.

La serie de doce Disertaciones para un año tiene un valor de US$100 (cien dólares). El MSIA está ofreciendo el primer año de Disertaciones a un precio promocional de US$50 (cincuenta dólares). Las Disertaciones vienen con una garantía de devolución de dinero sin cuestionamientos. Si en algún momento decides que estos estudios no son para ti, simplemente devuelve la serie completa y recibirás el reembolso total de tu dinero.

Para ordenar los libros, CD's, DVD's y Disertaciones, ponte en contacto con el MSIA llamando al (323) 737-4055 (EE.UU.), o envía un e-mail a pedidos@msia.org, o simplemente visita nuestra tienda en línea en www.msia.org

www.ingramcontent.com/pod-product-compliance
Lightning Source LLC
Chambersburg PA
CBHW051751040426
42446CB00007B/308